AF501362

LA

GRANDE CONSPIRATION

DU PILLAGE

DE L'INCENDIE ET DU MEURTRE

A LA MARTINIQUE

PAR

VICTOR SCHŒLCHER

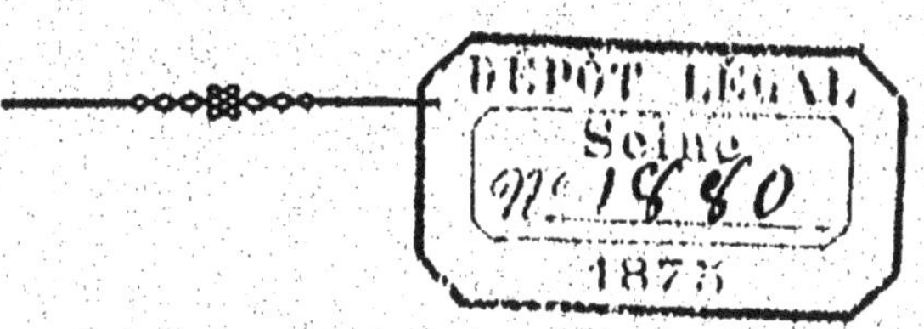

PARIS
LECHEVALIER, EDITEUR, RUE RICHELIEU 61,

1875

LA

GRANDE CONSPIRATION

DU PILLAGE

DE L'INCENDIE ET DU MEURTRE

A LA MARTINIQUE

§ 1er

La Conspiration

Quand la nouvelle de la révolution parlementaire du 24 mai parvint à la Martinique, la réaction releva la tête plus haut que jamais et renouvela contre les républicains de la colonie la vieille calomnie des projets de substitution d'une classe à l'autre. Il entrait, dit-elle, dans ces projets de faire nommer M. Jouannet procureur général, M. Lacourné procureur de la République, et M. Bernard Gériet président de cour, tous trois hommes de couleur appartenant à la magistrature. M. Bourgouin, conseiller, eut l'audace de reprocher à M. Bernard Gériet d'avoir été un des instigateurs de cette combinaison, et M. Larougery, procureur général, se chargea d'informer M. l'amiral Cloué, gouverneur, de la participation de M. Gériet dans l'affaire. Averti à temps de la machination ourdie contre lui, M. Gériet poussa droit au gouverneur. Pour celui-ci, en ce temps-là, tout homme de couleur accusé n'était pas à coup sûr coupable. Après avoir écouté M. Gériet, il lui conseilla, puisqu'il était fort de sa conscience, de demander une enquête, ce que fit immédiatement M. Gériet par lettre adressée à M. Larougery, procureur général. Comme nous l'avions connu en France, il a bien voulu tenir à nous prouver qu'on l'avait calomnié, et, en conséquence, il nous a envoyé copie de la lettre suivante, par laquelle le chef du parquet lui notifie le résultat de l'enquête :

« Monsieur, M. le président Casadavant s'est empressé de reconnaître que dans une visite que vous lui aviez faite, vous l'aviez entretenu de l'éventualité d'un mouvement dans la magistrature. J'ai eu la satisfaction de constater avec lui que l'éventualité dont il s'agit ne se rattachait à aucune combinaison politique, et qu'elle était étrangère aux circonstances qui ont mis, deux mois plus tard, quelques bruits fâcheux en circulation. Je me plais donc à déclarer ici que votre conversation avec M. Casadavant a donné lieu, rétrospectivement, à de fausses interprétations, mais que vous restez à l'abri de tout reproche et de toute supposition de nature à faire suspecter vos intentions. Agréez, Monsieur, etc. »

M. Gériet fit passer cette lettre sous les yeux du gouverneur, qui la lui renvoya avec l'annotation suivante : « Très-bien, « mais celui qui a répandu ces bruits méritait un blâme sévère. « G. Cloué. »

M. Bourgouin, l'auteur ou le premier écho des « bruits fâcheux, » fut-il « blâmé, » comme le gouverneur pensait qu'il méritait de l'être, nous ne savons ; ce que nous savons, c'est que M. Larougery qui les avait portés jusqu'aux oreilles du gouverneur, ne crut pas de son devoir de l'instruire du résultat de l'enquête ; il en laissa le soin au calomnié, pour qui, seul, fut vrai cette fois le dicton populaire, fort douteux à notre avis : Tout est bien qui finit bien.

Tel est le genre d'intrigue et de malveillance qu'ont encore à subir les hommes de la classe à laquelle appartient M. Gériet. Lorsque de pareilles choses se passent jusqu'au sein du corps judiciaire, lorsqu'un magistrat de couleur y est exposé, on peut juger de quelles manœuvres peuvent être souvent victimes les républicains qui n'ont pas, comme M. Bernard Gériet, les moyens de se défendre, et qui ne sont pas en position d'obtenir une enquête.

Nous avons relaté cet incident pour donner une idée de ce qu'était à la Martinique l'état des esprits d'un certain monde, au moment où commence ce que nous avons entrepris de raconter.

Le 10 novembre 1873, M. l'amiral gouverneur ouvrait la session du Conseil général par un discours où il disait, entre autres choses : « ... L'impôt personnel, supprimé à la dernière « session, figurait parmi les recettes de 1873 pour 183,760 fr. « Il y a lieu de s'étonner que dans ce pays, où l'on réclame « l'assimilation avec la France, on ait supprimé si facilement « une contribution qui représente la dix-septième partie du « revenu de la colonie, et créé ainsi une nombreuse classe de « citoyens qui jouissent de tous les droits possibles et sont « cependant affranchis de toute charge envers la société.

« ... Les décisions prises par le Conseil dans l'exercice de « ses pouvoirs pendant la dernière session, ont été de la part « du ministre l'objet d'observations sévères, consignées dans « une dépêche qui vous sera communiquée. En présence de la « suppression d'une recette aussi importante que celle de « l'impôt personnel, le ministre a été frappé de l'inutilité de « plusieurs dépenses. Vous savez, Messieurs, que la colonie « n'est pas assez riche pour se donner le luxe d'un collége « laïque. Vous avez le séminaire-collége de Saint-Pierre et sa « succursale de Fort-de-France ; vous êtes, en outre, à douze « jours de France par paquebot ; il est donc inutile de créer un « si coûteux établissement.

« ... J'espère, Messieurs, que vous reviendrez sur la « fâcheuse mesure de suppression des bourses au séminaire- « collége, car il serait à craindre que l'on pût l'attribuer à un « esprit de parti. »

Que M. le gouverneur n'approuve pas toutes les décisions du Conseil et qu'il le dise, rien de plus simple ; mais la manière péremptoire dont il le disait n'était pas tout à fait de celles qui portent la conviction dans les esprits. L'épithète de « sévère » qu'il appliquait aux observations du ministre avait, certes, de quoi froisser la susceptibilité d'un corps délibérant dans les pleines limites de son pouvoir. Que, plus ou moins religieux, il trouve bon de livrer l'instruction publique aux mains du cléricalisme, libre à lui ; mais le Conseil peut très-sérieusement penser que l'enseignement universitaire est préférable. Traiter « de fantaisie de luxe » son vote de la fondation d'un lycée laïque ; insinuer, en outre, que le vote de la suppression des bourses au séminaire-collége était dû « à un esprit de parti » n'était pas non plus très-flatteur, et ne pouvait guère l'induire à modifier son opinion. Enfin, le gouverneur blâme avec une certaine amertume l'abolition de l'impôt personnel.

L'impôt personnel ayant aux colonies un caractère moralisateur, appelant chaque citoyen à contribuer aux charges de la communauté, la mesure est assurément regrettable ; mais le gouverneur oubliait trop que le Conseil avait été réduit à cette extrémité, parce que, malgré ses vœux deux fois exprimés, l'administration s'était obstinée à appliquer au recouvrement de cet impôt la contrainte par corps, c'est-à-dire un moyen qu'une commission instituée par elle-même à l'effet d'examiner la question avait déclaré illégal (1).

Le discours officiel se terminait de la façon la plus heureuse : « Messieurs les conseillers, depuis votre dernière session, le « calme le plus complet n'a cessé de régner dans la colonie. « Il y a bien eu quelques bruits ridicules que des mal intentionnés ont essayé de répandre afin d'égarer l'opinion ; mais « le bon sens public en a fait prompte justice. »

Pendant que M. l'amiral Cloué prononçait ces dernières paroles, les autorités municipales recevaient de M. Saint-Phalle, directeur de l'intérieur, une circulaire écrite de la veille, 9 novembre, dans laquelle il disait : « Des émissaires de « désordre, chargés d'exploiter les émotions que fait naître « dans les esprits l'éventualité d'un changement de gouverne- « ment, sèment dans les campagnes des bruits odieux et « cherchent à agiter le pays en alarmant les populations... « Qu'on sache bien qu'à la première tentative de trouble, qu'à « la première manifestation, la commune sera mise en état de « siége, et que tout individu qui serait pris les armes à la

---

(1) Le rapport de cette commission, en date du 24 juillet 1871, dit particulièrement : « ..... On ne peut se dissimuler que le développement de « l'appareil judiciaire pour le recouvrement d'une somme de 5 francs, montant de l'impôt personnel, pèse trop lourdement sur le justiciable et *blesse tous les sentiments de justice et d'équité...* On a été insensiblement conduit à discuter sinon la légitimité de l'impôt, du moins *la légalité ou « la constitutionnalité de son mode de perception.* Le moment est venu de « céder à ce courant d'opinion et de reconnaître que les dispositions de « l'arrêté du 10 septembre *ont fait leur temps en ce qui concerne les moyens « adoptés jusqu'à ce jour pour le recouvrement de l'impôt personnel.* La « commission, à l'unanimité, s'est prononcée dans ce sens. »

« main ou en rébellion contre l'autorité sera sur-le-champ « passé par les armes. »

Quand fut connue cette circulaire, personne qu'elle ne frappât de stupéfaction. A part la facilité de mauvais augure avec laquelle M. le directeur de l'intérieur admet « l'éventualité d'un changement de gouvernement en France », que se passait-il à la Martinique pour qu'il y tînt ce langage, qu'on tient à peine en face d'une insurrection imminente? Quels étaient les rassemblements tumultueux, les actes de sédition, les manifestations hostiles, les faits matériels indiquant que l'ordre social courait danger et qu'on fût condamné à le défendre au prix d'exécutions militaires? Rien de semblable n'existait. Jamais appel à la terreur des procédés de l'état de siége n'avait été plus injustifiable. La Martinique était dans une paix profonde.

Ce qui rendait plus étrange encore les menaces de mort du directeur de l'intérieur en prévision de troubles que pourraient produire « des émissaires de désordre, » c'est que, par une coïncidence extraordinaire, à l'heure même, peut-on dire, où elles éclataient comme un coup de théâtre, le gouverneur, ainsi qu'on vient de le voir, disait officiellement au Conseil général : « Il y « a bien eu *quelques bruits ridicules*, que des malintentionnés « ont essayé de répandre, mais le bon sens public en a fait « prompte justice. »

Quoi, c'est sur des bruits dont « le bon sens public a fait prompte justice », que M. le directeur de l'intérieur se fonde pour parler « de fusiller sommairement tout individu pris les armes à la main! »

Mais « de ces émissaires de désordre » capables « d'agiter le pays, » en était-il au moins que l'on eût saisi? Pas un. Supposons, du reste, que des misérables poussent l'infamie et l'absurdité jusqu'à essayer de soulever les noirs des campagnes en leur disant que le rétablissement, d'ailleurs impossible, de la monarchie serait le signal du rétablissement de l'esclavage, la police est certes en état de les découvrir, et il ne manquerait nulle part de braves gens disposés, en l'absence même de la police, à arrêter de leurs propres mains les scélérats qui provoqueraient ainsi à la plus affreuse guerre civile. Il n'y a pas non plus à en douter, le châtiment que leur infligerait la justice ordinaire mettrait vite à néant l'effet de leurs menées. L'administration a tous les moyens d'assurer la paix publique. M. le directeur de l'intérieur enjoignait aux maires de faire publier sa dépêche « à son de caisse et au moyen de placards. » Le jugement des agents de désordre, publié de la même manière, ne tarderait pas à dissiper l'erreur de ceux qu'ils auraient réussi un moment à tromper. Point n'était donc besoin de menacer de mort des rebelles imaginaires, de jeter l'alarme au milieu d'une population paisible, en lui donnant à croire qu'elle était sur un terrain miné.

Comme la levée de boucliers du gouverneur qui en a été la suite, la circulaire de M. Saint-Phalle ne pouvait servir et n'a servi que les mauvaises passions de quelques ennemis de l'ordre acharnés à représenter la Martinique comme un foyer d'anarchistes toujours prêts à la rébellion, toujours menaçant « de la torche et du coutelas » une classe de la population.

L'étonnement général qu'avait produit la circulaire redoubla lorsqu'on trouva dans le *Moniteur* de l'île du 18 novembre la note suivante :

« GOUVERNEMENT DE LA MARTINIQUE

« Quelques personnes ont paru douter que la circulaire de « M. le directeur de l'intérieur, du 9 de ce mois, fût approuvée « par le gouverneur. Il importe que tout le monde sache « qu'aucun acte de cette importance n'est publié avant d'avoir « été autorisé par le chef de la colonie. La circulaire du « 9 novembre courant a cela de particulier que c'est le gou- « verneur lui-même qui en a pris l'initiative, et que c'est lui « qui a prescrit à M. le directeur de l'intérieur de la rédiger « dans les termes que l'on sait. C'est donc le gouverneur qui « a la responsabilité de cette circulaire, comme il entend « assumer celle de tous les actes émanant de son gouver- « nement. »

Comment! C'est le gouverneur en personne qui a pris le 9 novembre l'initiative de la circulaire ! Le 9 novembre il avait connaissance « d'émissaires de désordre semant dans les cam- « pagnes des bruits odieux », le mal qu'ils avaient déjà fait était si grand, qu'il se croyait obligé d'annoncer « qu'il ferait « fusiller sans jugement tout rebelle pris les armes à la main », et le lendemain, le 10, ces bruits odieux déjà cause de tant de ravages, il les traitait de « *ridicules* », il déclarait que le bon

« sens public en avait fait prompte justice et que *le calme le* « *plus parfait n'avait cessé de régner dans la colonie!* » N'est-ce pas le cas de répéter le mot de la comédie : « qui trompe-t-on ici? »

Il est si impossible qu'un homme se donne à lui-même sans raison de pareils démentis, agisse d'un jour à l'autre aussi contradictoirement que, selon nous, il n'y a pour la chose qu'une seule interprétation. M. l'amiral Cloué a pris sur lui la responsabilité de la circulaire de M. Saint Phalle par un sentiment de générosité. Obéissant toujours à ses premiers mouvements, son humeur primo-sautière ne lui permettant pas de réfléchir aux conséquences, il n'a pas vu qu'il se jetait dans une inextricable impasse.

Que notre interprétation soit bonne ou mauvaise, tout le monde a jugé comme nous qu'il y avait contradiction. Un journal de la Réunion, *Le Travail* insère (Num. du 21 février 1874,) une lettre de son correspondant parisien où on lit :

« Je vous ai dit, dans ma précédente lettre, quelques mots des agissements du directeur de l'intérieur de la Martinique. L'opinion dans les cercles créoles de Paris est que M. de Saint-Phalle espérait beaucoup, comme votre journal *La Malle* et ses adhérents, voir la fusion aboutir à la restauration de la Monarchie légitime, et qu'il faisait du zèle dans ce sens.

« Depuis, les choses se sont un peu envenimées; le gouverneur, qui s'était tenu en dehors des agissements de la direction de l'intérieur, — ainsi qu'il résulte de son discours d'ouverture de la session au Conseil général — vient de prendre des mesures regrettables qui ne peuvent qu'aigrir les esprits et faire naître une agitation qui n'existait pas. »

A la suite de la note de M. l'amiral Cloué, qui donnait au public une triste énigme à deviner, le *Moniteur* publiait ce qu'on va lire : « Le gouverneur croit devoir rendre publiques les deux « lettres ci-dessous qui ont été adressées ces jours derniers à « M. le directeur de l'intérieur :

« Citoyen directeur, que veux (*sic*) dire votre circulaire, vous faites fausse route en croyant intimider la population. — Réfléchissez que nous sommes 130,000 bons et vrais républicains. — Vous races (*sic*) blanche qui prétendez toujours gouverner notre pays vous n'en être *(sic)* qu'environ 7,000.

« Réfléchissez avant de faire des menaces, nous avons le nombre des armes et pour secours le feu et le poison.

« Si le gouverneur change d'opinion comme le lézard change de couleur au soleil c'est son affaire, pour nous, nous sommes forts.

« EDGARD BOYE (1).

« Attendez Dictateur infâme, nous avons lue (*sic*) votre proclamation incendieire (*sic*), la république est plus forte que jamais, et *d'ici au* **22** *nous vous donnerons de nos nouvelles.*

« *Un ami de l'Illustre Schœlcher*, »

XXX.

« De pareils écrits ne peuvent sortir que de la main de quel-
« que sauvage. Le gouverneur a toujours affirmé qu'il main-
« tiendrait l'ordre à tout prix. Il n'a pas changé. Il l'affirme
« encore et si quelqu'un osait tenter de le troubler, le châti-
« ment serait terrible. »

M. l'amiral Cloué était-il pris de vertige? Un homme de sa trempe se laisser émouvoir par de telles inepties tout en comprenant « qu'elle ne peuvent sortir que de la main d'un sauvage », leur accorder l'honneur de l'insertion au journal officiel, ne pas en soupçonner l'origine suspecte, étant donné la ridicule irrégularité de l'orthographe contrastant si fort avec la régularité du style; y voir les indices d'un complot formidable, en prendre texte pour proclamer qu'un châtiment terrible atteindrait les perturbateurs! En vérité, c'est à peine croyable. C'est encourager ces œuvres basses de la méchanceté humaine que de ne pas les traiter avec le mépris qu'elles méritent.

Un journal *de la Réunion, le nouveau Salazien* (N° du 3 fév.

---

(1) M. Edgard est de la vieille école. « Le feu et le poison » est ce qu'on appelle un cliché qui date de plus d'un quart de siècle. A cette époque néfaste que tout le monde veut oublier, il ne mourait pas un bœuf ou un cheval sur une habitation dont la mort ne fut le résultat d'un crime. C'était convenu. Il y a longtemps que « les conservateurs » ont renoncé à l'épouvantail du poison, ils se bornent aujourd'hui à celui de « la torche et du coutelas.» M. le Dr Rufz, un colon très-colon, mais homme de science et de bonne foi avant tout, a démontré après les plus sévères expériences que le poison, dont on faisait une arme terrible aux mains des noirs qui en avaient seuls le secret, n'était qu'un préjugé.

1874) fait sur la publicité donnée à des lettres de cette espèce quelques observations qui en montrent trop bien la misère pour que nous ne les citions pas :

« Réfléchissez, dit le fameux Edgard, que nous sommes « 130,000 bons et vrais républicains ». Le parti républicain est en majorité à la Martinique, c'est incontestable, mais 130,000 vrais républicains, ce serait plus que beau. Nous craignons bien que le chiffre ne soit que le résultat d'une hallucination d'origine fort peu républicaine. Ces 130,000 ajoutent qu'ils ont des armes et pour secours le feu et le poison. Comment ! ils seraient d'après eux 130,000 contre 7,000, ils auraient des armes, et il leur faudrait encore le feu et le poison ! Jusqu'ici ce n'est que ridicule, mais pour nous, toute la pensée de la lettre réside dans le dernier paragraphe ainsi conçu : « Si le « gouverneur change d'opinion comme le lézard change de « couleur au soleil, c'est son affaire ; pour nous, nous sommes « forts. »

« C'est sur l'esprit du gouverneur qu'on a eu l'intention très-probable de faire impression. On lui dit qu'il est une girouette, ce qui est peu flatteur, et on insinue qu'il était, avant de changer comme le lézard, avec les 130,000 républicains armés qui disposent du feu et du poison. Il est des hommes sur qui de pareilles stupidités ne font aucun effet; il en est d'autres, au contraire, dont le caractère irritable et nerveux ne les supporte pas. A-t-on spéculé sur le tempérament du contre-amiral Cloué qui devait s'indigner de la complicité qu'on lui prêtait, complicité en apparence révélée par des opinions libérales et son scepticisme des premiers jours, et qui dès lors, par une réaction excessive se serait jeté dans des mesures de la dernière rigueur? La chose ne serait pas impossible, et puisque nous sommes dans le champ des conjectures, des exemples dans le passé nous permettent de le supposer.

« N'est-ce pas le changement à vue produit par cet infernal procédé dans les idées du gouverneur qui lui a fait subitement changer de langage et accepter la responsabilité entière de la circulaire aux maires du directeur de l'intérieur, écrite le 9 novembre, et qui était en contradiction formelle avec les paroles qu'il avait prononcées le lendemain, 10 novembre, à l'ouverture de la session du Conseil général?

« Dans notre opinion, il n'y a eu que des bruits ridicules, aussi ridicules que ceux auxquels, à la Réunion, l'autorité a prêté l'oreille en 1868 et qui lui ont fait commettre un odieux attentat. — Quant aux malintentionnés dont parle le gouverneur, quels peuvent-ils être? Le bon sens répond que ce ne peut pas être le parti républicain, qui n'a rien à gagner et qui a, au contraire, tout à perdre dans ces collisions dont il serait l'inévitable victime. Ce n'est pas lui qui a besoin d'émeute pour légitimer une répression et suspendre l'exercice de toutes les libertés qui lui sont si chères. Ce n'est pas à lui que profiteraient de pareilles catastrophes ; ce n'est donc pas lui qui a jamais pu y songer. *Is fecit cui prodest!*

« La seconde lettre anonyme est signée de trois X et l'auteur se donne comme « l'ami de l'illustre Schœlcher. » Nous avouons que nous avons peine à comprendre que le gouverneur de la Martinique ait pu consentir à donner la publicité du *Journal officiel* à d'odieuses absurdités, où se trouve ainsi mêlé le nom d'un des députés de la colonie dont il est le chef. Serait-ce toujours l'effet de cette réaction si habilement exploitée? En tous cas, nous ne savons à quelle inspiration il a obéi en le faisant. Était-ce pour avertir du complot et faciliter les recherches auxquelles pouvaient se livrer tous les bons citoyens, gardiens naturels de l'ordre et de la paix publiques? Nous ne savons de quels commentaires cette insertion a été accompagnée ; mais à part le nom de « Schœlcher » qui n'aurait pas dû y figurer, suivant nous, nous serions tenté d'y voir le désir de réduire par le ridicule à ses justes proportions une émeute imaginaire.

« Il pourra donc dépendre du premier misérable venu d'obtenir les honneurs du *Journal officiel* et de mettre toute la colonie sur pied pour saisir un fantôme? Car nous espérons peu que l'on arrive à rien découvrir ; ceux qui ont composé ces deux documents sont moins naïfs que ces pauvres républicains qui seraient déjà pris, s'ils étaient coupables.

« Drouhet fils. »

Bien que des conspirateurs ne soient guère dans l'usage de dénoncer eux-mêmes leurs plans, de fournir le nombre des conjurés et la date de leur soulèvement, le Conseil général qui était assemblé crut devoir prêter à ces lettres l'importance que l'administration leur donnait. Dans sa séance du jeudi

20 novembre, plusieurs de ses membres firent la motion suivante :

« Les conseillers généraux soussignés ont l'honneur de soumettre à l'appréciation de leurs collègues réunis en séance générale les propositions qui suivent :

« Le conseil déclare indignes du titre de citoyens français les coupables auteurs des deux lettres publiées dans le *Moniteur de la Martinique* du 18 novembre 1873, sous la signature d'Edgard Boye et sous celle d'un individu qui remplace son nom par trois X, et se dit « ami de l'illustre Schœlcher. »

« Convaincu qu'il est du devoir de tous les bons citoyens de rechercher les forcenés qui ont écrit ces lettres, le Conseil général prie M. le directeur de l'intérieur de faire reproduire les lettres par la photographie aux frais de la colonie, afin d'en envoyer des exemplaires à tous les maires, commissaires de police et chefs de brigade de gendarmerie, qui devront s'efforcer de trouver leurs auteurs.

« Le conseil général ne doute pas que tous les Conseils municipaux de l'île ne s'empressent de flétrir comme ils le méritent ces hommes qui menacent dans l'ombre une partie de leurs compatriotes et qui cherchent à compromettre les autres.

« Fait à Fort-de-France, le 20 novembre 1873.

« *Signé :* Alex. Verdet.
Arthur Boudet.
C. Beigne.
Achil. Dufail.
Rémy Néris.
G. Ludin. »

La motion fut adoptée à l'unanimité et envoyée à qui de droit. Elle était opportune. Puisque l'autorité prenait les lettres au sérieux, il fallait en chercher les auteurs, les découvrir, savoir si elles étaient l'œuvre d'un coquin imbécille de bas étage ou si la responsabilité en remontait plus haut. Quand on se demande qui pouvait gagner à cette agitation, on est porté à n'y voir qu'une manœuvre d'agent provocateur. Tout le monde était intéressé à ce que la lumière se fît, mais plus particulièrement la classe noire que par le fait de la publication officielle de ces lettres on incriminait avec une coupable légèreté. Le directeur de l'intérieur prit-il quelque moyen de connaître leur ou leurs écrivains? On ne sait pas, il n'a jamais pris la peine de faire réponse à la requête du Conseil général. Il semble ne plus s'être inquiété de ces lettres, une fois leur effet produit.

Quoi qu'il en soit, trois jours après leur publication, nouveau coup de théâtre. Le 21 novembre le *Moniteur de la Martinique* contient ce cri d'alarme :

« Il n'y a plus à douter aujourd'hui que des malfaiteurs, agents de désordre, travaillent la population ouvrière pour l'amener a s'insurger.

« Dans quel but?

« Est-ce qu'il a été porté aucune atteinte à la liberté et aux droits des citoyens?

« Non! Une troupe de sauvages veut entraîner les populations à l'incendie, au pillage et au meurtre.

« Le gouverneur a pris ses mesures pour que l'action de la troupe soit foudroyante; et afin d'user de tous ses moyens, il a pensé qu'il trouverait dans les villes assez de gens de cœur qui se chargeraient d'y maintenir l'ordre pendant que la troupe régulière se battrait au dehors.

« En conséquence, le gouverneur invite les hommes d'ordre de Fort-de-France et de Saint-Pierre à se présenter à leurs mairies respectives pour y donner leurs noms, afin que l'on puisse constituer des compagnies de francs-tireurs et autres, à pied et à cheval, dans le genre de celles qui ont rendu tant de services en 1870.

« Comme une troupe sans discipline n'a absolument aucune valeur, les volontaires qui ne voudraient pas, en service ou sous les armes, se soumettre à une réglementation militaire, ne pourront être acceptés dans les compagnies.

« *Le contre-amiral gouverneur*,

« G. Cloué. »

Que voit-on là? Le 18 novembre « un ami de l'illustre Schœlcher » annonce à « l'infâme dictateur » une révolution pour le 22, avec les « 180,000 républicains de M. Edgard Boye. » Le jour est fixé, il n'y manque que l'heure. M. le contre-amiral Cloué accepte ce curieux rendez-vous; sans perdre de temps, le 21, il lève « des compagnies de francs-tireurs à pied « et à cheval *qui garderont les villes pendant que la troupe* « *régulière se battrait au-dehors!* » C'est bien ainsi, nous ne faisons pas une mauvaise plaisanterie, les pièces sont authentiques.

L'amiral ne s'en tint pas là : comme si l'ennemi était aux portes, il fit faire des patrouilles dans les villes et des promenades militaires dans les campagnes, il envoya à Saint-Pierre une chaloupe chargée de poudre et de boulets, il fit croiser des bâtiments de l'État sur les côtes de l'île pour empêcher sans doute le débarquement de milliers de fusils destinés aux insurgés et qu'attendait un négociant de la classe de couleur, désigné nominativement ! Car les conspirateurs, jouant toujours cartes sur table, avaient fourni le nombre des fusils et le nom de celui qui s'était chargé de les procurer !

Comment expliquer la « foudroyante » proclamation ? Quoi ! le 21 novembre, le gouverneur écrit : « Il n'y a *plus à en douter*, « des sauvages veulent entraîner les populations à l'incendie, « au pillage et au meurtre, » et, le 10, il n'en savait absolument rien ; il déclarait officiellement que « le calme le plus « parfait n'avait cessé de régner ! »

Mais ces affreuses excitations ont-elles donc été écoutées ? Y a-t-il eu sur un point quelconque de l'île le plus léger symptôme d'agitation, la moindre résistance à l'autorité ? Non, on n'en peut signaler aucune. Partout les cultivateurs creusent fort tranquillement leurs trous de cannes, nulle part un seul des soi-disant « émissaires de désordre » n'a été saisi et livré à la justice. Quel témoignage a-t-on de leurs criminelles menées ? On n'en dit rien, personne ne le sait ni ne s'en doute. Veut-on absolument que quelques misérables, qui seraient si justement appelés « des sauvages, » eussent essayé de soulever les campagnes, de les entraîner à d'horribles forfaits ; quelle raison y avait-il de croire qu'ils trouveraient des oreilles complaisantes dans cette population *au bon esprit* de laquelle M. l'amiral Cloué, naguère encore, *rendait pleine justice ?*

Pourquoi il la soupçonnait tout à coup d'un aussi détestable esprit que l'implique sa proclamation, devint naturellement une question que se posèrent les bons citoyens affligés autant que surpris. Voici comment ils l'ont résolue, et, pour notre compte, nous les croyons dans le vrai. L'impartialité qu'il avait mise dans son administration lui avait fait d'ardents ennemis de ceux dont l'équité contrarie les prétentions. Il est notoire que le groupe des incorrigibles avait intrigué auprès du ministère du 24 mai pour obtenir son rappel. Déçus de ce côté, à l'honneur de M. l'amiral Dompierre-d'Hormoy, et sachant le gouverneur très-monté contre le Conseil général dont il croyait avoir à se plaindre, ils exploitèrent son irritation. De mauvais conseillers lui persuadèrent, M. Larougery et M. Saint-Phalle aidant, que les hommes de couleur tramaient un complot. Les vieux engins des fauteurs de guerre civile « la torche, le coutelas, la substitution, » furent remis en jeu. C'était le prendre par son faible : il y avait là une action offerte à son courage, une occasion de faire de la force et de combattre les armes à la main le parti qu'il n'aimait pas. Il tomba dans le piége; malade d'ailleurs, surexcité, et d'un caractère plus impétueux que réfléchi, il crut aux fameuses lettres anonymes, au complot et fut ainsi poussé à tirer le sabre contre des moulins à vent, à prendre des mesures extrêmes qui devaient le compromettre et le rendre impossible.

---

§ 2

La Terreur noire

Admettons que la proclamation du gouverneur ait eu comme il le croit un effet préventif, toujours faudra-t-il convenir qu'elle avait dans sa forme une violence dangereuse au premier chef. Dès qu'elle parvint en France, les journaux « de l'ordre moral, du péril social » et autres tromperies semblables, s'en emparèrent pour crier à *la terreur noire* en se donnant le plaisir d'y faire une petite part à M. Thiers. « Les bons petits nègres, di- « sait le premier en date du 17 décembre, les bons petits nègres, « *depuis la chute de M. Thiers*, se livrent en plein jour à une « propagande effrénée contre la religion, la famille et la pro- « priété. Le gouverneur a demandé des troupes de renfort au « ministère. En attendant, les négociants, les planteurs, les « fonctionnaires s'enrégimentent pour défendre leurs biens et « leurs familles contre la démagogie noire. » Le lendemain, *la Presse* demandait si « un *nouveau* massacre des blancs se « tramait dans nos colonies » et répétait que, « l'Internationale « aidant, les campagnes de la Martinique étaient envahies par « des libelles contre la famille et la propriété et par des pro- « clamations incendiaires. »

Les deux députés de la colonie se transportèrent aussitôt chez M. le ministre de la marine qui les autorisa à dire « qu'il blâmait l'article de *la terreur noire*, QU'IL N'ÉTAIT POINT EXACT *que le gouverneur lui eût demandé des troupes* (on voit jusqu'où peuvent aller les inventions de certains « honnêtes gens »), que ses dépêches, au contraire, annonçaient que son attitude résolue en avait imposé aux meneurs et ne lui permettaient de concevoir aucune inquiétude. » Nous publiâmes cette rectification dans le *XIXe Siècle*, du 20 décembre; nous ajoutions que la bonne foi de la *Presse* avait été trompée, que plus que probablement les noirs de la Martinique ne connaissaient pas le nom de l'Internationale, et nous mettions au défi qui que ce fût de prouver « qu'un seul libelle ou une seule proclamation incendiaire » eussent été répandus dans les campagnes.

De cette rectification, les semeurs de troubles ne voulurent point tenir compte. « Les exploits des révolutionnaires d'Eu- « rope empêchaient de dormir les nègres de la Martinique, le « spectre de Toussaint-Louverture hantait leur sommeil. » Rien n'y manquait; pas même l'évocation d'un crime d'exécrable mémoire, celui « des otages. » (*Constitutionnel*, 20 déc.) « Il fallait se hâter de veiller à la sûreté de 7,000 blancs qui « vivaient en face de 130,000 noirs sous la menace perpétuelle « de l'assassinat. » Quoiqu'en ait pu dire le ministre, « l'ordre « n'était pas rétabli à la Martinique, *on le savait à la direction* « *des colonies!* » (*Paris-Journal*, 26 décembre.) Si bien que le ministre et le directeur des colonies devenaient les complices des 130,000 assassins en expectative. Cette façon de battre monnaie sur le complot *du pillage, du massacre et de l'incendie*, est un peu de tradition parmi les négrophobes qui s'acharnent avec cruauté à propager en France leur haine contre la classe la plus inoffensive de la population coloniale; elle nous rappelle qu'en 1849 les inventeurs du *complot du feu* mettaient à sa tête l'amiral Bruat alors gouverneur des Antilles!

Les défenseurs brevetés de l'ordre tirèrent parti à qui mieux mieux, chacun à sa manière, de l'arme que l'imprudence de l'amiral Cloué leur mettait aux mains. Les preux du Roy, tout en lui reprochant « ses complaisances passées pour la radi- « caille de la Martinique, tout en le félicitant de sa conver- « sion, » ne lui donnent crédit qu'à l'endroit du mal. Le thème favori des gens de la légitimaille, puisque radicaille il y a, est le respect que l'on doit à l'autorité, mais contrarie-t-elle un peu leurs mauvaises passions, foin de leurs beaux préceptes et de leur respect de l'autorité. L'amiral gouverneur a cru à une effroyable conspiration, il croit qu'il l'a fait avorter en terrifiant les meneurs; il est maître de la situation, tout est calme et il informe officiellement le ministre que « l'ordre est assuré. » Ces honnêtes messieurs lui donnent en face un démenti également adressé au ministre qui, lui aussi, avait affirmé que rien n'était à redouter. Sans s'inquiéter de jeter l'épouvante au sein des familles créoles résidant en France, ils écrivent : « Les « périls ne sont pas conjurés, l'ordre n'est pas rétabli à la

« Martinique. *On le sait à la direction des colonies.* La rébellion « prend un caractère nouveau et beaucoup plus grave. Et, « pourquoi ne le dirions-nous pas, nous sommes moins ras- « surés que jamais *sur le sort que la démagogie réserve aux* « *conservateurs de la Martinique.* » (*L'Union*, 6 janvier 1874.) Sur quoi ils se fondent pour se déclarer moins rassurés que jamais, ils ne le disent pas. Il ne s'agit pas pour eux de prouver, il s'agit d'effrayer. Il est aujourd'hui avéré pour tout le monde qu'il n'y a eu de « rébellion d'aucun caractère, » ceux mêmes qui ont cru à des projets de soulèvement conviennent que ces projets n'ont pas eu l'ombre d'un commencement d'exécution; rien ne fait : nos « conservateurs, » espérant par leurs peurs calculées entretenir les peurs bêtes, persistent à soutenir qu'une partie des habitants de la Martinique rêve « de se débarrasser de l'élément européen. »

On peut apprécier, du reste, ce que vaut cette affreuse imputation en écoutant les accusations que ses auteurs mêlent aux éloges dont ils accablent leur nouvel allié. « Il avait foulé aux « pieds les lois en permettant chaque jour d'attaquer la morale, « la religion, les personnes et les propriétés. » Qui se serait douté que l'amiral Cloué eût jamais trouvé bon qu'on attaquât *la morale et les propriétés!* Ils ne lui épargnent pas une ligne de leurs injures stéréotypées. « C'est lui qui *avait fait tout le* « *mal* qu'il s'appliquait à réparer, il avait été à la Martinique « l'instrument complaisant et docile d'une politique qui con- « duisait le pays à la sédition et à la ruine. » (*L'Union*, même article.) Ce qui nous étonne, c'est qu'ils ne fassent pas de lui un ancien pétroleur comme ils font de M. Thiers (1). Ces con-

---

(1) On lit dans l'*Union* du 2 janvier 1872 :

« Les conservateurs témoignent peu de sympathies à la République, aussi toutes les batteries du gouvernement sont-elles dirigées contre eux. — Depuis la chute de la Commune, M. Thiers n'a cessé d'employer tous ses efforts à briser l'union des forces conservatrices. La voie dans laquelle il est entré et où il persiste à s'avancer nous conduit inévitablement à de nouvelles convulsions sociales, mais cela importe peu à M. le président de la République, dont l'unique souci semble être de ne marcher vers la crise qu'à petites journées. S'il oppose M. Vautrain à M. Victor Hugo, c'est que le premier satisfait toutes ses passions révolutionnaires, sans le menacer

servateurs-là ont raison de le dire : « Ce n'est pas impunément « qu'on encourage les passions les plus basses et certains « appétits. »

Chose plus triste, le *Petit Journal* qui s'adresse particulièrement au peuple et qui, à ce titre, devrait être plus scrupuleux, est entré dans le système des calomnieuses nouvelles. Il a fait le récit d'une campagne de guerre en règle. (Numéro du 15 février 1874.)

« Nous avions annoncé, il y a quelque temps que les gens de couleur de la Martinique, imitant l'exemple de leurs frères de Cuba, et peut-être poussés par des agents provocateurs, s'étaient insurgés contre l'autorité française et avaient formé le dessein de chasser les blancs de l'île; puis, après avoir réussi dans leur entreprise, de former une république indépendante.

« Mais ils avaient compté sans l'énergie du contre-amiral Cloué, gouverneur de la colonie.

---

d'une de ces tourmentes prochaines qui effraient ses instincts bourgeois.

« Décomposer lentement la société, assez lentement pour jouir longtemps encore du pouvoir qu'il détient, telle est l'œuvre à laquelle M. Thiers consacre ses soins et son talent. M. Vautrain lui a paru digne d'être son auxiliaire et de collaborer avec lui à la ruine de la France par voie de modération et de conciliation, c'est pour ce motif que nous le repoussons et que nous pressons les électeurs parisiens de refuser leur vote au compère de M. Ranc.

« En réalité, M. Victor Hugo et M. Vautrain représentent une seule et même chose : la Révolution.

« La seule différence qui existe entre les radicaux et le gouvernement, c'est que chez les uns on vend le pétrole en gros, tandis que M. Thiers veut le débiter en détail. Entre la brûlure rapide et la grillade à petit feu nous nous déclarons parfaitement décidés à ne pas opter. »

A la bonne heure, voilà ce qui s'appelle parler en « honnêtes gens. » Il n'y a que « les modérés » pour tenir un langage aussi calme, aussi digne. Et quiconque ose y contredire, quiconque ne reconnaît pas que M. Thiers débite le pétrole en détail, que les nègres des colonies rêvent d'y exterminer la race blanche, veulent saper toutes les bases de la civilisation, ébranler les croyances les plus respectables, mettre la société en péril, détruire la famille et la propriété, mener la France à sa ruine à travers de nouvelles convulsions sociales, etc., etc. Il y a comme cela un certain nombre de phrases toutes faites qui s'appliquent invariablement à toutes les circonstances et avec lesquelles on effraie « les amis de l'ordre » qui ne demandent qu'à être effrayés.

« Celui-ci, disposant d'un petit nombre de troupes, dépêcha un aviso en France pour demander des secours immédiats, et, en attendant, fit appel à la population blanche.

« Tous les colons répondirent à son appel, et furent organisés d'une manière régulière.

« Lors de l'arrivée de France des premiers renforts de troupes, l'amiral organisa une expédition dans l'intérieur, laquelle, conduite avec vigueur, fut couronnée d'un plein succès et terrifia les dissidents. La plupart d'entre eux se sont rendus.

« Il ne restait aux dernières nouvelles que deux ou trois misérables bandes qui, réfugiées dans les montagnes et privées de tout, demandaient leur grâce; l'amiral leur a fait répondre qu'il voulait la soumission sans condition.

« A la Réunion, l'ordre un moment troublé a été promptement rétabli. »

Dans cette narration, pas un seul mot de vrai, rien de ce qui s'est passé n'a pu même y servir de fond. Le soulèvement, l'aviso dépêché en France pour solliciter du secours, l'expédition faite avec les premiers renforts obtenus, les rebelles terrifiés se rendant, leurs dernières bandes réfugiées dans les mornes et demandant grâce, l'ordre troublé jusqu'à la Réunion, tout est de pure ou plutôt d'impure invention. Nous sommes très-disposé à croire que le *Petit journal* n'a d'autre tort que d'avoir accueilli de pareils contes sans y regarder; mais que penser de ceux qui les lui fournissent? On voit là à quel genre d'ennemis les nègres ont affaire.

En réalité, pas de pays où une insurrection soit moins à craindre qu'à la Martinique. Il y a trois ans, quelques malfaiteurs, profitant des désastres de la mère-patrie et favorisés par des circonstances fatales, levèrent l'étendard de la révolte. Leur soulèvement a été comprimé en peu de jours. Il n'a pu dépasser les limites du quartier où il avait éclaté. *Toutes les classes* de la population ont fourni des volontaires pour l'y étouffer. Ses chefs, au nombre de huit, ont payé leur crime de la peine capitale. Les malheureux qu'ils avaient égarés expient leur complicité au bagne et dans les prisons. Ce souvenir apprend aux plus malintentionnés, s'il en existait encore, qu'ils auraient contre eux tout le monde, et au cas où il s'en glisserait parmi les noirs des campagnes, ceux-ci ont assez d'amis pour éclairer les crédules. Les travailleurs créoles ne songent pas le moins du monde à s'insurger et n'ont aucun sujet d'y songer. Ils n'ont aucune raison d'écouter les mauvais conseillers. Ils possèdent le suffrage universel; ils contribuent, avec leur part de vote, à élire des députés à l'Assemblée nationale, à nommer les municipalités et le conseil général; ils ont ainsi, dans la légalité, le remède possible à tout mal dont ils jugeraient avoir à se plaindre. Les vexations du livret, du passeport à l'intérieur, des engagements de travail forcés qu'ils supportent avec peine, ne peuvent pas même être exploités en ce moment auprès d'eux. La direction des colonies au ministère de la marine, s'en est préoccupée; elle a institué une commission chargée de réviser les règlements du travail. Dans cette commission, elle a fait entrer, avec un grand esprit d'impartialité, un des représentants de chaque colonie à l'Assemblée nationale. Quelles que soient les décisions de cette commission, les cultivateurs créoles n'ont-ils pas là un témoignage éclatant que le soin de leurs intérêts n'est pas négligé par la métropole. C'est, en vérité, bien mal connaître leur bon sens naturel que de les supposer assez ineptes pour compromettre tout cela, en prêtant l'oreille à d'obscurs coquins qui les exciteraient à une révolte qu'un passé tout récent montre frappée d'avance d'impuissance absolue. Ils savent parfaitement qu'un soulèvement tournerait au bénéfice de leurs ennemis qui visent à leur faire enlever les droits politiques dont ils jouissent.

La perverse audace des soi-disant conservateurs peut en imposer à quelques esprits superficiels, mais l'opinion publique, éclairée depuis longtemps sur ce que valait le fameux *spectre rouge* de 1848 ne se laissera pas prendre au *spectre noir*, elle s'en tiendra au fait, et le fait véritable est que nos compatriotes de race africaine sont bons, paisibles et n'ont envie de manger personne. Leurs réels sentiments à l'égard de la classe blanche viennent encore d'éclater dans une triste circonstance dont nous entretient la lettre suivante :

« Fort-de-France, le 9 août 1874.

« Monsieur et cher représentant,

« J'ai cru devoir vous adresser un exemplaire du *Moniteur officiel de la Martinique*, dans lequel se trouve le compte rendu des obsèques de M. Aubry, médecin, décédé à Fort-de-France le 4 de ce mois.

« Il y a eu, à cette triste cérémonie, une grande manifestation de la population de couleur et noire, un puissant et splendide enseignement, comme l'a dit M. Desmazes qui a pris la parole au cimetière. C'est une nouvelle preuve que ce qu'on appelle la haine de caste n'existe plus que dans quelques imaginations endurcies ou qui croient avoir un intérêt à la prolonger, à en ranimer l'existence.

« Pour faire disparaître ce qui reste d'antagonisme réciproque, de rivalité, de malentendu survenu entre les deux principales parties de la population, il faut la pratique de la grande pensée, *ut amaris ama*, et de celle d'un illustre historien : « Les passions du cœur humain sont partout les mêmes; le climat, le temps, les traits du visage ne font pas l'homme sensiblement différent. » (Thiers, *Consulat et Empire.* L'expédition de Saint-Domingue.)

« Ce sera l'œuvre des hommes avancés des deux côtés.

« Cette ovation, faite à un véritable ami de l'humanité par ceux de toutes les couleurs dont il fut l'ami pendant cinquante ans, est un nouveau démenti donné à ceux qui s'acharnent à signaler la population de couleur et noire comme rebelle à toutes choses de la civilisation et indigne de l'assimilation avec la mère-patrie. »

(*Un électeur de Fort-de-France.*)

Le docteur Aubry dont il est question dans cette lettre, Européen fixé depuis cinquante ans à la Martinique qui vient de le perdre, s'était attiré l'amour de tous par son esprit de libéralisme et de charité. Constant adversaire du funeste préjugé de couleur, il n'y avait pas pour lui de distinction de races; il croyait à la fraternité de tous les hommes quelle que fût la nuance de leur peau ou leur origine, mais les faibles, les déshérités étaient ceux qu'il aimait le plus, et les pauvres étaient ses malades préférés; il allait les chercher dans les cases et dans les ruelles.

D'après le journal officiel de la colonie, non moins de trois mille personnes de toutes classes et de toute « origine » lui ont rendu les derniers honneurs en suivant son cercueil au cimetière. Au dire des plus anciens de la ville de Fort-de-France, jamais on n'avait vu à un convoi une affluence aussi considérable. Cette ovation faite au généreux décédé, principalement par les hommes de couleur et les nègres, atteste que l'antagonisme de races dont les ennemis de la fusion parlent tant, n'est qu'une erreur du passé qui se dissipe.

Les derniers vestiges en disparaîtraient bien vite si tous les anciens privilégiés de la Société coloniale avaient comme le docteur Aubry, comme M. Desmazes et leurs amis, la sagesse de renoncer à des prétentions d'un autre âge, et ne voulaient reconnaître d'autre supériorité normale que celle du mérite et du dévouement au bien. La grande manifestation dont la mort d'un homme sans préjugés a été l'occasion est un pas de plus vers le rapprochement des classes, qui peut seul assurer la paix et la prospérité de nos départements d'outre-mer.

§ 3

La grande Conspiration réduite à quelques délits de paroles

Nous sommes obligé de revenir à la proclamation « foudroyante. » Elle incriminait nos électeurs et elle le faisait très-injustement ; outre les raisons de morale, notre devoir envers eux était de les défendre. Nous écrivîmes au *XIXe Siècle* un article où nous prouvions qu'elle était injustifiable. Dans cet article, nous rappelant le courage civil avec lequel l'amiral Cloué avait résisté aux obsessions des hommes du passé et était resté impartial, nous parlions de lui avec la déférence que sa conduite nous avait inspirée. L'amiral avait déjà publié une des lettres anonymes où notre nom était accolé à une infamie. Nous étions si convaincu de ses bons sentiments que nous ne nous sommes pas trouvé blessé de ce procédé, nous n'y avons vu qu'une inadvertance sans mauvaise intention. Aussi, en critiquant un acte mal avisé et dangereux, nous ne laissions pas de manifester notre considération pour l'auteur. Mais l'amiral, qui semble avoir perdu alors la possession de soi-même, nous méconnut au point d'insérer la note suivante dans son *Journal officiel*, numéro du 16 janvier 1874 :

« GOUVERNEMENT DE LA MARTINIQUE.

« Quelques journaux métropolitains (notamment le *XIXe Siècle*) ont publié des articles qui pourraient donner le change à l'opinion publique à l'occasion de certains incidents qui se sont produits dans la colonie en novembre dernier.

« On établit une contradiction entre une circulaire du directeur de l'intérieur du 9 novembre et le discours prononcé le lendemain par M. le gouverneur à l'ouverture de la session du Conseil général, et l'on ne craint même pas de tronquer les phrases de ces documents dont on ne cite qu'une partie.

« Si les auteurs de ces articles, jaloux de faire connaître

toute la vérité, avaient reproduit textuellement et en entier les publications insérées sur ce même sujet dans le *Moniteur* du 11 novembre, il eût été facile de voir que cette prétendue contradiction n'existe pas. En effet, si, d'une part, le chef de la colonie déclare que le calme n'a pas cessé de régner depuis le commencement de l'année, il ajoute, d'autre part, tant dans son discours que dans *l'avis officiel qu'il a fait insérer à la suite*, que des gens malintentionnés essayaient dans le moment *d'agiter le pays et de troubler l'ordre*, et que toute tentative de désordre serait sévèrement châtiée.

« La circulaire du 9 novembre reproduit exactement la même pensée, sous une autre forme, et la complète par la menace de l'état de siége en cas de manifestation séditieuse. En outre, le numéro du *Moniteur* du 18 novembre contient une note du gouverneur faisant connaître que cette circulaire émane de son initiative et qu'elle a reçu son entière approbation.

« Il faut bien peu connaître la colonie, ainsi que le caractère impressionnable et facilement surexcitable de ses habitants, pour ne pas savoir que si le calme et l'ordre ont été maintenus, si les manœuvres bien constatées de quelques agitateurs ont échoué et n'ont pas eu de prise sur la généralité de la population ouvrière, c'est grâce à l'attitude énergique de l'autorité qui a su intimider à temps les meneurs; résultat dont les auteurs des articles devraient être les premiers à se féliciter, car ils sont sans doute de l'avis qu'il vaut mieux prévenir que réprimer.

« Les mêmes journaux semblent révoquer en doute l'existence de ces coupables projets et en demandent la preuve.

« Les bruits en circulation avaient pris une telle consistance que les parquets et les cabinets d'instruction durent se mettre en mouvement autant pour réprimer les auteurs des fausses nouvelles, que pour éclairer les populations rurales sur les mauvaises menées auxquelles elles étaient en butte.

« L'administration n'a pas à livrer à la publicité le résultat des enquêtes auxquelles il a été procédé par l'autorité judiciaire. Elle croit pourtant devoir faire connaître que huit individus ont été déférés aux tribunaux correctionnels, soit pour propagation de fausses nouvelles de nature à troubler la paix publique, soit pour *excitation à la haine entre les anciennes classes de la population coloniale.* Trois des prévenus ont été acquittés en raison de la difficulté de saisir et de constater les délits de la parole, mais cinq d'entre eux ont été condamnés, un à un mois de prison, un à deux mois, un à six mois de la même peine avec 50 francs d'amende, et deux à deux ans de prison et 500 francs d'amende, maximum de la peine. Aucun jugement n'a été frappé d'appel.

« Ces condamnations démontrent suffisamment que les mesures préventives tant critiquées n'étaient pas sans objet.

« Ces explications suffiront pour rétablir les faits dans toute leur exactitude. De pareils écrits n'en sont pas moins profondément regrettables puisqu'ils ne sont propres qu'à raviver les passions, au lieu de faire appel à la conciliation et à l'apaisement. »

Nous n'avons jamais été d'humeur à nous laisser traiter de la sorte, et nous sommes trop vieux pour commencer à nous y soumettre. Voici notre réponse insérée au *XIX*e *Siècle*. (3 mars 1874).

Nous trouvons dans le *Moniteur de la Martinique* du 16 janvier une note où l'on essaie, en termes peu mesurés, de réfuter ce qu'a dit le *XIX*e *Siècle* sur les incidents qui se sont produits dans la colonie en novembre. Nous avons établi une contradiction choquante entre une circulaire du directeur de l'intérieur, en date du 9 novembre, et le discours prononcé le lendemain par M. le gouverneur à l'ouverture du Conseil général. La note du *Moniteur* ne craint pas de dire que « nous avons « *tronqué* les phrases de ces documents, dont nous n'avons cité « qu'une partie. » Le mot est trop vif pour ne pas nous autoriser à dire qu'il est absolument faux. Nous ne pouvions pas plus citer ces documents en entier que le *Moniteur* ne cite notre article en entier ; mais nous n'avons pas *tronqué* un seul mot de ce que nous en avons tiré, nous n'en avons pas altéré le sens, nous n'avons pas non plus supprimé une seule ligne essentielle.

Le directeur de l'intérieur a fulminé, le 9 novembre, au milieu de la paix la plus profonde, une circulaire aux maires, où il disait : « Des émissaires de désordre sèment dans les cam« pagnes des bruits odieux, etc. » (Voir plus haut page 6). Rien de plus constant. Il n'est pas moins constant que le 10 novembre, le jour même où parut cette pièce alarmante, le gouverneur disait au Conseil général : « Depuis votre dernière « session, le calme le plus complet n'a cessé de régner dans la « colonie, etc. » (Voir plus haut, page 6). Ces phrases sont textuelles, nous défions M. le gouverneur d'y noter une seule syllabe qui soit « tronquée ; » nous le défions également de prouver, comme il ose le prétendre, que « le gouverneur ajoute « *dans son discours* que des gens malintentionnés tâchaient, « *dans le moment*, d'agiter le pays, et que toute tentative de « désordre serait sévèrement châtiée. » *Le Moniteur de la Martinique* est pris en flagrant délit d'assertion... controuvée. Il sera dans l'impossibilité de répondre à notre défi, et s'il était, lui, « jaloux de faire connaître la vérité, » il ne se serait pas exposé à ce qu'on le lui portât.

Il a publié, il est vrai, le lendemain, 11 novembre, un avis officiel où il est question « des malintentionnés, etc. » qu'il nous reproche d'avoir passé sous silence. On va voir si c'est à bon droit et s'il n'a pas eu de bonnes raisons pour ne pas le citer textuellement. Cet avis, le voici :

« Des bruits fâcheux sur la possibilité du rétablissement de « l'esclavage sont répandus dans *quelques localités du Sud* par « des gens à mauvaises intentions, dans le but évident de « semer l'inquiétude. Il est inutile de démentir des rumeurs « aussi absurdes, le bon sens public en a déjà fait justice. « Quelle que soit la forme de gouvernement que se donnera la « France, l'esclavage ne saurait être et ne sera pas rétabli. « Sans attacher plus d'importance qu'il ne convient au fait « dont il s'agit, l'autorité supérieure a néanmoins donné les « ordres les plus précis pour que les auteurs ou les propaga- « teurs de ces bruits ridicules soient activement recherchés et « livrés à la justice. On peut d'ailleurs être assuré que tous « ceux qui tenteraient de troubler l'ordre seraient sévèrement « châtiés. »

On le voit : nous pouvions très-légitimement ne pas nous occuper de cet avis ; il ne fait que reproduire les paroles prononcées par le gouverneur dans son discours. La contradiction fort étrange que nous avons signalée entre la circulaire du directeur et le discours du gouverneur reste donc avérée.

Maintenant, le *Journal officiel* de la Martinique fait remarquer que son numéro du 18 novembre contient une note du gouverneur « donnant à connaître que la circulaire du 9 éma-

« nait de son initiative. » Nous ne voyons pas bien ce que le gouverneur y gagne, c'est un nouveau trait d'inconséquence. Il en résulte qu'en traitant le 10 et encore le 11 de « *rumeurs absurdes* auxquelles *il attachait peu d'importance,* » et de « *ridicules,* » des bruits dont il répétait que « *le bon sens public a déjà* « *fait justice,* » il oubliait que le 9, ces bruits lui avaient paru assez graves pour lancer, à leur occasion, une menace d'état de siége, et annoncer, comme si la colonie était à la veille d'une insurrection formidable, que « tout individu, pris les armes à la main, serait sur-le-champ fusillé. »

L'amiral prétend que « si la paix et l'ordre ont été main- « tenus, si les manœuvres bien constatées de quelques agi- « tateurs ont échoué et n'ont pas eu de prise sur la généralité « de la population ouvrière, c'est grâce à l'attitude énergique « de l'autorité qui a su intimider à temps les meneurs. » Mais là, précisément, est la question. Nous soutenons, nous, que la paix et l'ordre n'ont jamais couru aucun péril, que la population ouvrière n'est pas sortie une minute « du calme le plus complet, » enfin que les esprits n'ont été agités que par les mesures extrêmes, violentes, intempestives prises par l'autorité.

Nous avons demandé où sont les conspirateurs qui avaient « des émissaires de désordre, » où sont les preuves de leur complot? Le *Moniteur de la Martinique* nous répond : « Huit « individus ont été déférés aux tribunaux correctionnels soit « pour propagation de fausses nouvelles de nature à troubler « la paix publique, soit pour excitation à la haine entre les « anciennes classes de la population coloniale. Trois de ces « prévenus ont été acquittés *en raison de la difficulté de saisir* « *et de constater les délits de la parole*; mais cinq d'entre eux « ont été condamnés, un à un mois de prison, un à deux mois, « un à six mois avec 50 francs d'amende, et deux à 2 ans de « prison et 500 fr. d'amende, maximum de la peine. Aucun « jugement n'a été frappé d'appel. »

Un individu condamné à 1 mois de prison, un autre à 2 mois, un autre à 6 mois et deux à 2 ans pour *délits de la parole*. Voilà donc cette « *bande de sauvages qui voulaient entraîner les popu-* « *lations à l'incendie, au pillage et au meurtre!* » (proclamation du gouverneur, 21 novembre.) Voilà donc « ces meneurs que « l'on a intimidés » et dont « *les manœuvres bien constatées* » justifient l'amiral Cloué d'avoir « levé des compagnies de « volontaires qui maintiendraient l'ordre dans les villes *pen-« dant que la troupe régulière se battrait au dehors!* » (Même proclamation.)

Sans doute, « il vaut mieux prévenir que réprimer, » mais une administration sage ne s'attache à prévenir qu'un mal réel, elle n'alarme pas un pays parfaitement tranquille en s'armant tout effarée en guerre, de façon à faire dire à certains journaux de la métropole que « les noirs trament le massacre des blancs,» parce que quatre ou cinq pauvres diables sans relation les uns avec les autres « propagent de fausses nouvelles » qui leur valent quelques mois de prison.

La vérité est que le faux bruit d'une restauration monarchique s'est répandu à la Martinique et qu'il a donné lieu à des propos, certes, très-imprudents; mais au fond ils ne pouvaient avoir aucune influence sérieuse en considérant le peu de surface et l'isolement de ceux qui les proféraient. L'une des personnes condamnées à deux ans de prison est une vieille négresse, marchande de pain sur les habitations, connue pour avoir des habitudes peu sobres et convaincue d'avoir dit que « si Henri V revenait, l'esclavage serait rétabli. » C'est là une parole très-mauvaise à prononcer au milieu d'une population dont l'affranchissement ne date que d'un quart de siècle; elle serait si dangereuse dans un moment d'effervescence qu'on ne saurait la punir trop sévèrement; mais enfin, une vieille négresse étrangère à toute société de tempérance ne peut passer pour « un meneur » ayant le projet de révolutionner une colonie (1). Nous

---

(1) L'autre condamnation à deux ans de prison a été prononcée par contumace. M. Touzé, le pauvre noir qu'elle a frappé, était aussi prévenu d'un *délit de paroles*, car c'est devant le tribunal de police qu'il était cité. Ne se croyant, à tort ou à raison, aucune chance d'être cru dans sa défense, il se sauva à la Dominique. Nous avons une longue lettre de lui qui, par son caractère de bonhomie, nous donne lieu de le supposer incapable du crime qu'on lui imputait. C'est un petit ouvrier tailleur complétement illettré qui, *depuis* 17 *ans*, allait le dimanche sur les habitations des environs de Saint-Pierre prendre l'ouvrage que lui donnaient les travailleurs. Selon sa coutume, il faisait sa tournée le 15 novembre, lorsque sur une habitation il parla des nouvelles de la ville avec ses humbles pratiques. Le géreur l'accusa de leur avoir donné « de mauvais conseils, » et fit chercher le procureur de la République qui, malgré leurs dénégations, lança mandat d'arrêt

regrettons au reste que ces jugements ne soient pas publiés *in extenso*, pour bien éclairer l'opinion publique. Par le fait de l'absence de tout compte rendus authentiques des procès criminels ou politiques, la justice est administrée aux colonies presqu'à huis clos. Nous ne souhaitons qu'une chose, c'est que l'autorité judiciaire n'épargne qui que soit coupable d'excitation à la haine entre les anciennes classes de la population coloniale.

Au résumé, l'article même du *Moniteur de la Martinique* le démontre, il n'y a pas eu dans l'île le moindre symptôme d'insurrection, la moindre tentative de rébellion. Le gouverneur reste peu excusable d'avoir fait du désordre avec de l'ordre, et pour s'en défendre de nous accuser d'avoir « tronqué des textes. » Ce n'est pas là être fort « jaloux de la vérité. »

Il nous importe de faire remarquer qu'en s'efforçant de montrer de la mauvaise foi dans notre critique, il en confirme lui-même la parfaite rectitude. En effet, il affirme avoir « ajouté « DANS SON DISCOURS du 10, comme il le disait dans l'avis offi- « ciel du 11, que des gens malintentionnés essayaient *dans le* « *moment* d'agiter le pays et que toute tentative de désordre « serait sévèrement châtiée ». Cette assertion a pour but de concilier le discours avec l'avis, d'établir qu'il n'y a rien de contradictoire entre eux ; mais puisqu'on nous malmène, nous ne

---

contre lui. Il n'était question en ce moment que des fameux « émissaires de désordre. » M. Touzé effrayé se cacha, et le 1er décembre il était condamné par contumace. Il s'étonne naïvement d'être condamné « pour n'avoir rien fait, » et plus naïvement encore, il nous demande de le faire rentrer à la Martinique, de le rendre « à sa petite famille, à sa femme et à ses deux enfants. La pauvre femme, dit-il, a toute la charge, et ce n'est pas juste. »

Nous lui avons naturellement conseillé la seule chose à faire pour lui, se constituer prisonnier. Maintenant que les esprits sont calmés, que des enquêtes de la justice il résulte qu'il n'y a jamais eu « d'émissaires de désordre, » les juges pouvant de sang-froid peser d'un côté l'accusation et de l'autre apprécier l'homme de tempérament pacifique qu'ils verront, ne pourront manquer, il nous semble, d'accepter ses protestations d'innocence. Ils verront bien que, fût-il convaincu d'avoir proféré des paroles imprudentes, il est trop simple pour en avoir compris le danger. Au surplus, il n'a pas su ce qu'il faisait en prenant la fuite ; mieux vaut pour ce père, privé des enfants qu'il adore, quelques mois et même deux ans de prison à côté d'eux, que l'exil éternel loin d'eux.

nous retenons pas de le dire, l'assertion est absolument contraire à la vérité; de cette prétendue addition, *le discours* ne contient pas une syllabe!

Le sort de notre réponse, à la Martinique, a été digne de la note qu'elle combattait. M. Beigne, rédacteur du *Bien public*, sur « l'invitation » de M. Saint-Phalle, directeur de l'intérieur, avait publié la note, il s'apprêtait, comme il s'y croyait équitablement obligé à publier notre réplique lorsqu'il reçut la lettre suivante :

« Fort-de-France, 23 mars 1874.

« Monsieur le rédacteur,

« Vous annoncez, dans votre numéro du 21 courant, la reproduction prochaine d'un article de M. Schœlcher en réponse à la note du *Moniteur de la Martinique* du 16 janvier dernier.

« Après avoir pris les ordres de M. le gouverneur, j'ai l'honneur de vous inviter à vous abstenir de cette publication, qui a pu avoir cours dans les journaux métropolitains, mais ne saurait être autorisée sans inconvénient dans la colonie. En effet, sans m'arrêter à ce que cet article peut contenir d'inconvenant pour le gouverneur qui vient de quitter la Martinique, il serait intempestif de raviver une question aujourd'hui éteinte de nature à susciter les passions en prolongeant une polémique devenue sans objet, puisqu'elle a pu, précédemment, se développer en toute liberté dans la presse.

« Je me plais à penser, monsieur, que vous tiendrez compte de la présente invitation, dont vous ne manquerez pas d'apprécier le caractère bienveillant.

« Agréez, monsieur, etc.

« *Le directeur de l'intérieur*,
« Comte de SAINT-PHALLE. »

M. Beigne n'a pas manqué d'apprécier le caractère doucereux de l'invitation. Il s'est abstenu comme il en était requis. Qui sait si, en passant outre, il ne se serait pas exposé à faire mettre la ville de Saint-Pierre en état de siége? L'exemple du général Chanzy peut devenir contagieux.

En vérité, M. Saint-Phalle a, sur les devoirs de la loyauté, des notions bien singulières. Le *Moniteur de la Martinique* nous accuse avec violence d'avoir « tronqué des textes ». Le soin de notre honneur nous force à prouver que cela n'est point exact, et M. Saint-Phalle interdit d'insérer notre défense à un journal de la localité qu'il a contraint d'insérer l'attaque ! Et, avec une naïveté rare, il appelle cela « ne pas prolonger une polémique « devenue sans objet puisqu'elle a pu précédemment se déve« lopper *en toute liberté* dans la presse. » C'est aller un peu loin, si gouvernement de combat que l'on puisse être.

Quant au mot inconvenant qu'il se permet d'appliquer à notre article, il est trop grossier pour ne pas exciter notre dédain. Nous regardons M. le comte de Saint-Phalle comme un juge tout à fait incompétent en matière de convenance.

Dans tous les cas, parquets, police, gendarmes ne se sont certes pas ménagés pour découvrir les coupables. M. Dandonneau, chargé des poursuites, y a mis une bonne volonté infatigable, et, cette fois encore, la montagne est accouchée d'une souris. La justice a prononcé; or, de ses enquêtes, de ses investigations, de ses jugements rendus, il résulte que « la troupe de sauvages » qui menaçaient la Martinique de la ruine, consiste en une demi-douzaine de gens obscurs, ignorants, sans autorité, qui ne s'étaient point concertés entre eux, qui n'étaient pas des « émissaires, » qui n'avaient pas « d'émissaires » et qui ont commis isolément des « délits de paroles » ressortissant « *de la police correctionnelle !* » Personne n'a été poursuivi du chef d'avoir « travaillé la population ouvrière pour la pousser à s'insurger ». Des faits, des actes, il n'y en a point. Tout ce que peut invoquer M. l'amiral Cloué pour s'excuser de s'être mis en guerre se réduit aux deux stupides lettres anonymes ! Quelques propos inconsidérés de conversation, voilà tout le crime de ces féroces conspirateurs de la Martinique; il se borne à avoir mal jugé de M. Chambord, à avoir dit que s'il remontait sur « le trône de ses pères » il rétablirait l'esclavage. Il est assez probable qu'on n'aurait pas pris tant de soin de venger « le roy » s'il n'avait pas fallu donner une apparence de justification à l'appel aux armes de l'autorité. On aurait laissé ces mauvais propos pour ce qu'ils valent, comme il arrive en France de ceux des habitants des campagnes qui disent, avec leur haine inextinguible contre l'ancien régime, que le retour « du roy » ramènerait la dîme et les droits seigneuriaux. Faisons d'ailleurs remarquer une différence de procédés qui montrent toute la blancheur de la justice coloniale. Les « conservateurs » de la Martinique répètent, écrivent, crient sur tous les tons que les noirs ne songent qu'à massacrer les blancs, leurs discours soufflent la haine et la discorde; on ne s'en inquiète pas, pour eux il n'y a point de « délits de paroles »; mais qu'une vieille négresse dise en bavardant que « Henri V rétablirait l'esclavage » on la poursuit et on la condamne à deux ans de prison!

Au résumé, il demeure constant que le complot de *la terreur noire* est une manœuvre des fauteurs de désordre qui, en réveillant l'antagonisme de races, espèrent faire croire en France que les colons « d'origine africaine », nourrissant d'affreux projets contre « l'élément européen, » devraient être tenus en état de suspicion, déclarés indignes de l'égalité politique et dépouillés du suffrage universel.

On peut être assuré que si l'action judiciaire n'a pas été plus rigoureuse, c'est qu'il était impossible qu'elle le fût, car la plupart des magistrats de la Martinique, presque tous créoles de vieille roche ou créolisés, sont très-prévenus contre la classe que l'administration de la colonie vient de mettre avec une révoltante iniquité en accusation devant la France. Le ministère de la marine, à propos du projet de loi sur le jury aux colonies, a voulu avoir l'opinion individuelle des principales autorités. Il a dressé un questionnaire auquel elles ont dû répondre. Comme membre de la commission chargée d'examiner ce projet de loi, nous avons eu connaissance des réponses faites et nous avons pu constater que chez plusieurs magistrats les préjugés de races sont encore d'une violence folle. M. Casadavant, président du tribunal de première instance, écrit en véritable modéré : « Il y a une tendance évidente *de la part des races de « couleur et noire à l'anéantissement de la race blanche* et pour y « arriver tous les moyens sont bons, même la calomnie la plus « infâme, consistant à faire croire aux noirs que l'esclavage va « être rétabli par les blancs. Nous ne sommes point arrivés au « point de mériter cette assimilation tant rêvée par les esprits « creux des colonies qui ne *désirent qu'une substitution complète « d'une race à une autre.*

« Les affranchis de 1848 n'ont pas en général de résidence « fixe; ils ne possèdent aucun esprit de famille; ils vivent au « jour le jour, c'est-à-dire dans un état de demi-vagabondage. »

M. Martineau, conseiller à la Cour d'appel, dit de même :

« Les meneurs rêvent *sinon la destruction, du moins le complet* « *abaissement de la race blanche*. Tout récemment, des émis-« saires parcouraient les campagnes et tentaient d'entraîner les « masses ignorantes à l'incendie, au pillage et au meurtre! »

Et maintenant, M. Bourgouin, conseiller : « Les lois excep-« tionnelles qui régissent la Martinique et la Guadeloupe sont « encore nécessaires, *sous peine de voir l'écrasement de la race* « *blanche* et conséquemment le triomphe de la barbarie. Ce « serait une grave erreur de leur donner les institutions publi-« ques dont jouit la métropole, ce serait y créer *la substitution* « *que quelques-uns n'ont cessé d'espérer. Le vagabondage est* « *l'état normal des bourgs et des campagnes*. La loi sur le jury « aurait pour conséquence immédiate *d'abolir la justice crimi-* « *nelle dans les deux colonies*. »

« Le vagabondage est l'état normal des bourgs et des campagnes. » Voilà ce que disent ces hommes sans scrupules. Voici ce que dit le dernier recensement des travailleurs, celui de 1872. (*Annuaire de la Martinique*, juin 1874, page 222.)

Nombre total des travailleurs.	65.324
Immigrants	17.063
Restent. . . .	48.261

travailleurs créoles ainsi répartis :

Ouvriers.	8.234
Chaufourniers et potiers.	711
Cultivateurs attachés aux habitations	23.462
Petits propriétaires et locataires de terrains cultivés en vivres ou en cannes.	15.854
	48.265

Pendant que MM. Casadavant et Bourgouin ne rougissent pas de dire que le vagabondage est l'état normal de ces 48,000 travailleurs, nous lisons dans le discours prononcé par M. le gouverneur actuel de la Martinique, le 23 novembre 1874, à l'ouverture de la session ordinaire du Conseil général : « L'année 1874 s'est écoulée jusqu'ici et s'achèvera « certainement sans secousse comme elle a commencé. L'ordre « et la tranquillité règnent partout; le calme est dans tous les

« esprits; *le travail des champs est régulier*, les plantations « pour la campagne prochaine permettent de compter avec « certitude sur un chiffre de produits que n'ont pas encore « enregistré nos annales agricoles même dans les temps les « plus prospères; *la récolte de l'année courante aura largement* « *réalisé les espérances conçues.* »

Ceci est pour le travail; quant à l'état moral de cette population que l'on dit prête à se ruer sur « les civilisés, » nous devons rappeler que M. l'évêque Fava, et certes celui-là n'est pas suspect, déclarait dans un mandement en date du 4 août 1874 « qu'il avait rarement rencontré une population « plus remplie de la crainte de Dieu que celle de la Martinique, « *plus généreuse quand il s'agit d'œuvres de piété et de charité.* » Il n'avait qu'un seul regret à exprimer, c'est « qu'on gâtât *son* « *bon naturel* au moyen de ce qu'on appelle une idée politique. »

En face de pareils témoignages émanés de l'autorité même, prouvés par des chiffres, ayant toutes les garanties de certitude que l'on peut demander aux choses humaines, on s'étonne que des magistrats, sinon par respect pour eux-mêmes, au moins par respect pour leur corps, ne craignent de fausser la vérité aussi audacieusement que le font MM. Martineau, Casadavant et Bourgouin. Mais qu'attendre d'hommes poussant la haine jusqu'à ce degré de fureur d'accuser une partie de leurs concitoyens de rêver l'extermination de l'autre! Il y a quelque chose de bien grave à laisser dispenser la justice par des gens aussi incapables de contenir leurs mauvaises passions. On comprend que les justiciables « d'origine africaine » se réfugient à la Dominique plutôt que de comparaître devant des juges dans l'opinion desquels ils sont condamnés d'avance comme de futurs assassins.

Rêves de substitution, destruction, abaissement de la race blanche, torches et coutelas, etc., etc. Ne serait-il pas temps de sortir enfin de ces généralités indéfinies et d'aborder les faits. Dans quelles circonstances, par quels actes la classe noire et de couleur a-t-elle manifesté des tendances à se défaire de la classe blanche? Voilà ce qu'il faudrait dire au lieu de s'en tenir à ces perfidies. Nous demandons que l'on s'explique, que l'on énonce clairement ce qu'on reproche à la classe incriminée. Nous disons, nous, qu'elle ne veut que son droit, l'égalité, et que les rêves qu'on lui prête sont des calomnies qui n'ont pas même le sens commun, infâmes calomnies répandues avec persévérance par un petit nombre de fauteurs de désordre appartenant au prétendu parti de l'ordre. Il est véritablement déplorable que la classe blanche s'y laisse prendre. Chose singulière, nous l'avons déjà dit une fois, le courage des colons n'est pas à la prussienne, à longue portée, ils sont braves et ils se laissent inspirer des peurs imaginaires; ils vivent et dorment les portes ouvertes dans les campagnes où il y a cent nègres et mulâtres pour un blanc, et ils prennent au sérieux l'épouvantail de la substitution, de la torche et du coutelas qu'une poignée d'agitateurs font mouvoir devant eux!

Le lecteur vient de voir à quel misérable propos ont été prises les mesures dont excipent ces agitateurs pour continuer à se prétendre menacés de Vêpres siciliennes. Ils invoquent encore « les événements de 1870. » Nous avons exposé autre part en détail ce que furent ces événements. Nous avons démontré qu'ils étaient dus à des circonstances particulières, fatales, toutes locales et qu'ils n'avaient pas dépassé, ainsi que nous le disions tout à l'heure, le quartier où ils avaient pris naissance (1). Pour confondre les intègres magistrats qui s'en font une arme, il nous suffira de rappeler ce qu'en a dit M. l'amiral Pothuau, parlant à la tribune avec sa responsabilité d'ancien ministre de la marine et des colonies : « C'est un « tort d'attribuer cette insurrection à la classe de couleur. « Elle a été le fait *d'un petit nombre d'hommes* appartenant à « cette classe et qui, depuis, ont expié leur crime. *La classe de « couleur en majeure partie a été étrangère à cette insurrection « ou plutôt elle est venue offrir son concours au gouvernement « pour l'aider à la répression.* » (Séance du 11 juillet 1873.)

M. Bourgouin est le magistrat dont nous avons parlé au commencement de cette brochure et qui encourut « un blâme sévère » pour avoir propagé des bruits calomnieux contre un de ses collègues. Il était président des assises où fut condamné le malheureux M. Lubin, et il soutient encore que l'arrêt fut équitable. Pour que les hommes impartiaux en puissent juger, nous rappellerons ce que M. l'amiral Pothuau, ministre de la

---

(1) *Le jury aux colonies.* Broch. Paris, 1874, chez Lechevalier, page 35.

marine, a dit à la tribune : « Ce jugement a été trouvé tellement « rigoureux, que quand il est arrivé en France, il était accom- « pagné de l'opinion de la magistrature coloniale, qui, le consi- « dérant comme étant d'une sévérité excessive, avait cru devoir « recommander le condamné à la clémence de l'autorité métro- « politaine. » (Séance du 11 juillet 1878.) La peine de cinq années de réclusion, prononcée par l'assessorat, peine infamante, fut immédiatement abaissée à cinq années de prison. Ce ne fut pas tout. Chacun le sait, la chancellerie ne veut pas, et peut-être ne peut pas admettre que la jusice se trompe ; elle ne fait, elle, jamais grâce entière ; elle n'accorde de grâce que quand le condamné a subi la moitié de sa peine. Eh bien, dès que le malheureux M. Lubin, victime de l'assessorat, a été dans ces conditions, après deux années et demie d'emprisonnement, il a été rendu à la liberté. Or, nul doute sur le véritable caractère de cet acte de réparation. Approuvé par le gouverneur de la colonie, M. l'amiral Cloué, proposé par M. l'amiral Pothuau peu de jours avant qu'il suivît honorablement M. Thiers dans sa chute, c'est aux ministres du 24 mai, à M. le garde des sceaux Ernoul et à M. le ministre de la marine Dompierre-d'Hornoy qu'on en doit l'accomplissement. Tel est l'arrêt que M. Bourgouin célèbre encore !

M. Martineau, lui, était le président des assises où fut rendu un jugement qu'il défend et qui restera non moins célèbre dans les annales de la justice confiée à l'assessorat. M. Esch, convaincu d'avoir fait à son adversaire une blessure ayant occasionné la mort, et de lui avoir porté des coups de talon de botte pendant qu'il gisait sur le sol, en fut quitte pour cinq mois de prison !

L'amiral Cloué, bien à même de connaître toutes les circonstances des faits, répondant au questionnaire sur le jury a pu dire de ces deux jugements, l'un de 1870 et l'autre de 1872 : « Le nommé Lubin, homme de couleur, bat un blanc, au point « d'occasionner une incapacité de travail de plus de vingt « jours : *Il est condamné à cinq années de réclusion*. Le nommé « Esch, blanc, bat un homme de couleur, au point que celui-ci « meurt deux jours après : *il est condamné à cinq mois de prison*. « Il est vrai que pour Lubin, il y avait guet-apens. Il est « vrai que Esch avait été provoqué. Mais la population n'a pas « tenu compte de ces différences, elle n'a vu que l'énorme

« disproportion des peines prononcées, et elle s'est dit que la « justice n'était pas égale pour tous. Cela suffit selon moi « pour condamner l'assessorat. »

Jusqu'à ce que les colonies soient délivrées d'une justice d'exception et dotées enfin de la loi française du jury, si nous étions de couleur, nous récuserions, dans quelqu'affaire que ce soit, MM. Bourgouin, Casadavant et Martineau, pour cause de suspicion légitime.

Quel mal font au pays, lorsqu'ils sont haut placés, ces fanatiques du passé qui n'ont pu dépouiller le vieil homme colonial! Pour eux l'avénement de la classe noire et de couleur à l'égalité politique constitue l'abaissement de la classe blanche, ils se disent sacrifiés parce qu'ils ne sont plus les maîtres et ils entretiennent la discorde en représentant une population qui s'éclaire chaque jour davantage comme plongée dans la barbarie. Il serait curieux de savoir, en les entendant tenir le langage actuel de M. Lareinty, s'ils étaient au nombre des 1,717 colons blancs qui demandaient avec lui en 1866 le rétablissement du suffrage universel et de la représentation des colonies dans le parlement. Leur journal *les Antilles*, dont ils sont aujourd'hui les échos, soutenait alors avec ardeur cette pétition. Dans tous les cas, ils ne feront croire à nul homme sensé qu'une population déclarée sage, laborieuse et mûre pour la jouissance de tous les droits politiques en 1866, soit devenue en quelques années un ramassis de sauvages « sans « esprit de famille et n'ayant pas de résidence fixe, vivant à « l'état de vagabondage » en attendant qu'elle trouve le moyen d'égorger tous les blancs.

Lorsqu'il fût bien démontré pour tout le monde, excepté pour les incorrigibles, que la formidable conspiration « du pillage, de l'incendie et du meurtre » avait abouti à quelques petites affaires de police correctionnelle, ses partisans renoncèrent à entretenir l'excitation dangereuse des esprits et la Martinique reprit sa tranquille vie courante; mais la lettre suivante montre les funestes conséquences de leur levée de boucliers. Nous la trouvons dans le *Journal d'Outre-Mer :*

Saint-Pierre, mars 1874.

« Nous subissons actuellement une forte crise commerciale qui menace tous nos intérêts; les transactions sont partout arrêtées, la confiance a disparu, les affaires sont en souffrance ; je n'ose affirmer qu'elles reprendront de si tôt. Quelle est la cause de cette crise qui peut devenir plus grave encore pour peu que nos adversaires continuent, tant ici qu'en France, leurs coupables menées ? Rappelez-vous les faux bruits d'insurrection habilement répandus en novembre et décembre 1873 ; rappelez-vous ces publications, imprudentes pour le moins, faites par le *Moniteur de la colonie*, quand personne parmi ceux qu'on s'acharnait à accuser n'avait la pensée d'agiter le pays ; rappelez-vous aussi l'empressement déplorable que les organes rétrogrades de la métropole ont mis à répéter, à commenter ces bruits mensongers, et vous aurez l'explication du mal dont nous souffrons à cette heure !

« Ah ! ceux qui ont fait tant de bruit *pour rien ;* ceux qui s'obstinaient à voir des conspirateurs là où la justice, après les plus actives recherches n'a trouvé que des citoyens paisibles, nullement animés de pensées coupables, comme ils devraient regretter le tort immense qu'ils ont causé à notre colonie !

« On ne l'ignore pas, elle fait de grandes affaires avec la France ; arrêter les transactions entre elle et la métropole, c'était porter un coup fatal à notre commerce. On n'avait pas prévu cela lorsqu'on a lancé si légèrement ces faux bruits d'insurrection, de pillage, d'incendie, dont la presse métropolitaine a retenti pendant deux mois. On avait oublié qu'aux colonies tous les intérêts sont tellement liés ensemble que porter atteinte à l'un, c'est les frapper tous. C'est ce qui eut lieu. Le commerce de France, effrayé par les récits des journaux, arrêta tout à coup ses transactions avec notre colonie, car si, comme on le disait, nous étions à feu et à sang, qui aurait voulu nous envoyer de la marchandise pour la voir pillée ou brûlée « par les *bons petits nègres ?* » Les expéditions cessèrent donc du jour au lendemain. En revanche, on s'empressa de demander un règlement de compte, qu'il fallait expédier au plus vite ; mais comment s'acquitter de ses dettes, puisqu'on ne recevait plus rien ? Le temps se passe, la situation s'aggrave, il faut payer les billets souscrits de part et d'autre, mais comment faire puisqu'on n'a pas d'argent et que les marchandises n'arrivent plus ? »

Les sceptiques ont beau dire, les cyniques ont beau faire, nous sommes tous solidaires les uns des autres quelle que soit la couleur de notre peau, et les égoïstes font rarement du mal sans en éprouver le contre-coup. Ce qui rend cette grande loi de la solidarité plus précieuse encore, c'est qu'ils profitent, eux, du bien que font les héros de l'humanité. Espérons que la leçon ne sera pas perdue, que les hommes sages ne seront plus les dupes des fantasmagories de terreur noire, s'apercevront enfin qu'ils sont les premières victimes de leur crédulité. Qu'ils demandent des actes, des preuves avant d'en croire les fauteurs de guerre civile, et la Martinique vaquera en paix à ses affaires.

---

§ 4

La cause originelle des incidents de novembre

La cause originelle des tristes incidents de novembre, à la Martinique, est dans une grande mésintelligence qui s'était établie entre le conseil général et le gouverneur, mésintelligence compliquée d'une inimitié particulière entre celui-ci et M. Godissard, président du conseil général. La majorité du conseil n'avait pas toujours eu assez de ménagement pour l'extrême susceptibilité du gouverneur. Elle venait de réélire comme président M. Godissard et comme vice-président M. Bissette, qui faisait une opposition *ad hominem*. Lieutenant du pouvoir exécutif, plus puissant dans l'île que le président de la République dans la métropole, l'amiral commettait une faute en quittant sa position élevée, impersonnelle, pour se colleter, pour ainsi dire, avec une individualité. Néanmoins, en ce qui nous regarde, nous avons toujours été ses partisans au milieu des péripéties de cette déplorable querelle. Nous estimions qu'on ne lui tenait pas assez compte de ses bonnes intentions et de leurs effets, de l'équité avec laquelle il maintenait la balance égale entre les partis. Il avait compris la folie et le danger des idées des fanatiques du passé, il les jugeait à leur juste valeur, il leur tenait tête, et il y fallait un très-grand courage civil dans un pays où ils jouissaient d'une vieille prépondérance et avaient trouvé presque tous les gouverneurs fort complaisants. Si le conseil n'appréciait pas assez ses mérites, l'amiral qui n'était pas en reste de sentiments hostiles et que le régime du bord avait habitué au commandement absolu, prenait trop tout acte d'opposition, même parfaitement constitutionnelle, comme un acte d'insubordination.

On a vu par ce que nous avons cité de son discours d'ouverture à la session de 1873, qu'il parlait un peu en capitaine de vaisseau mécontent de son équipage. Le conseil ne pouvait guère le supporter sans impatience; son discours d'adieu, à la fin de la session, devait s'en ressentir. Le voici :

« Monsieur le gouverneur,

« Au moment de nous séparer, nous venons vous entretenir des travaux de notre session ordinaire de 1873.

« Sauf quelques légères modifications, portant sur des points peu importants, nous avons accepté le projet de budget présenté par l'administration; nous avons largement pourvu aux besoins de nos ports et rades, nous avons assuré le service de l'immigration, et nous recevrons en 1874 un contingent d'immigrants double de celui des années précédentes; en un mot, nous avons donné satisfaction à toutes nos exigences financières.

« Nous avons conservé comme pensionnaires de la colonie tous ceux qui, jusqu'à ce jour, tiennent leurs droits, soit de nous, soit de nos prédécesseurs, parce que nous avons cru qu'il était de notre devoir de soulager l'infortune ou de venir en aide à la misère, sans nous préoccuper des idées ou des sentiments des divers pensionnaires, et sans nous inquiéter des opinions qui pouvaient être émises sur ce sujet en dehors du Conseil général.

« Qu'il nous soit permis de vous dire, monsieur le gouverneur, que le devoir et la dignité commandent au Conseil de n'accepter aucun reproche, sévère ou non, de M. le ministre, quand le conseil agit dans le cercle et dans la plénitude de ses attributions.

« Aussi, fidèles aux principes de liberté et de justice qui doivent prévaloir aussi bien à la Martinique qu'en France, et que nous avons toujours défendus avec fermeté, nous avons persisté dans la mesure qui prononce l'abolition de l'impôt personnel recouvrable par la contrainte par corps, et nous sommes heureux de constater que, sur cette question de l'impôt personnel, nos vues sont partagées par le conseil général de la Guadeloupe et sanctionnées par le gouverneur de cette colonie, dont nous apprécions tous les hautes capacités administratives.

« Nous avons également maintenu la création d'un lycée, persuadés, malgré les opinions contraires, que cette œuvre, qui doit donner satisfaction aux aspirations légitimes du pays, est digne de notre sollicitude et de toute la bienveillance du gouvernement de la République.

« Appelé à se prononcer sur l'application à la Martinique de la loi sur le jury, le Conseil, à l'unanimité, et conformément aux vœux émis à chacune de ses précédentes sessions, a reconnu la nécessité de doter la colonie de l'institution du jury. Le jury, en effet, sauvegarde des intérêts et de la liberté de tous, sera la garantie d'une justice impartiale et éclairée, et effacera même jusqu'aux souvenirs du passé. Nous espérons avec confiance que la métropole ne nous privera pas plus longtemps de ce bienfait, qu'ont toujours réclamé les députés des colonies, guidés par notre représentant, M. Schœlcher, le Wilberforce français.

« Nous poursuivions nos travaux dans le plus grand calme, lorsque, trompée par de faux rapports, l'administration, par la voie du *Journal officiel*, a jeté au milieu de nous un cri d'alarme; mais, connaissant l'esprit de la population que nous représentons, nous n'en avons point été émus, convaincus que les bruits de discordes civiles étaient calomnieux et qu'ils ne pouvaient être que l'œuvre de quelques citoyens aveuglés par des craintes puériles ou par des passions intéressées.

« Nous remercions M. le directeur de l'intérieur et M. Deproge du concours dévoué et intelligent qu'ils nous ont prêté durant notre session.

« Nous nous retirons, monsieur le gouverneur, avec la satisfaction d'avoir rempli consciencieusement notre mandat. »

Cette adresse est ferme, elle repousse des sévérités, mais elle ne sort pas de la réserve que l'on doit garder dans un document de cette nature. Les amis très-sincèrement dévoués qu'avait l'amiral dans la minorité du conseil ne la jugèrent pas offensante pour lui, car elle avait été, après discussion et amendement, adoptée à l'unanimité. Par malheur, le président chargé de présenter l'adresse, commit la faute de n'en pas donner, selon l'usage, communication officieuse au gouverneur avant de la prononcer officiellement. L'amiral déjà irrité par ce manque d'égard, vit dans l'adresse des intentions de le braver qui n'y étaient pas; exaspéré par cette idée, il sortit des bornes, il mit les plus grands torts de son côté en improvisant la réponse qu'on va lire :

« Messieurs les conseillers généraux,

« Il ne me sera pas facile de répondre spontanément aux différents points traités dans le discours de votre président, qui ne m'a pas été communiqué à l'avance; je me bornerai donc à vous faire connaître mes impressions sur quelques actes de votre session.

« Je vous félicite d'avoir largement doté les services du port et de l'immigration; vous avez ainsi assuré des besoins réels; mais je ne saurais vous adresser les mêmes compliments au sujet des pensions anciennes que vous avez maintenues et des nouvelles que vous avez cru devoir inscrire au budget. Ces sortes de dépenses, dont l'utilité me paraît contestable, prennent une importance très-préjudiciable à l'ensemble de vos prévisions; vous aviez 28,000 francs de pensions en 1871, vous voilà arrivés à 50,000 francs; où vous arrêterez-vous?

« Vous avez pensé que la dignité du Conseil vous commandait de ne pas accepter de reproches sévères de la part du ministre quand vous agissez dans le cercle et la plénitude de vos attributions. Je ne puis, messieurs, partager votre manière de voir à ce sujet. Le ministre doit blâmer et blâmera certainement les actes de votre session qui lui paraîtront contraires aux vrais intérêts de la colonie; ainsi, malgré les avis du département, malgré les instances de l'administration locale, vous persistez à vouloir créer un collége à la Martinique. Vous avez consacré 200,000 francs l'année dernière pour cette création, vous venez de voter encore 50,000 francs pour cet objet. Voilà donc une somme importante immobilisée dans votre budget et dont l'emploi aurait pu être mieux utilisé ailleurs. En voulant doter la colonie d'un collége, vous lui imposez une charge écrasante. La Réunion succombe sous ce fardeau; la solde des professeurs, leurs pensions, sont pour elle une source incessante de dépenses dont l'administration aurait voulu vous épargner les ennuis; mais, je le constate avec peine, nos conseils et ceux du ministre n'ont pu vous détourner de la fâcheuse résolution que vous avez prise. Vous vous lancez dans une entreprise ruineuse et vous ne réussirez pas.

« Je suis de votre avis en ce qui concerne le jury, peut-être pas pour la même raison; l'assessorat a donné de bien mauvais résultats, le jury aura sur lui au moins l'avantage de décharger la magistrature coloniale d'une lourde responsabilité.

« Vous suppposez, messieurs, que l'administration a été trompée par de faux rapports lorsqu'elle a pris des mesures contre des tentatives éventuelles de trouble. Je ne sais si le Conseil général a des moyens plus efficaces que moi d'être informé de la situation du pays. Mais je dois vous dire que les craintes manifestées à cet égard n'étaient pas basées sur des indices aussi imaginaires que vous paraissez le croire. J'ai tenu à faire connaître aux perturbateurs que j'étais en mesure de les atteindre. Ma résolution est bien arrêtée de mener les choses vigoureusement pour écraser au début toute tentative de désordre. Vous pourrez, messieurs, rapporter mes paroles dans vos circonscriptions; je crois que mon attitude a rassuré les populations paisibles.

« Je ne puis m'empêcher, messieurs, de vous dire combien j'ai été péniblement affecté de quelques mesures que vous avez prises à l'égard du personnel. Je croyais vous avoir amenés à reconnaître, l'année dernière, combien il importe de respecter les situations acquises si vous tenez à avoir des fonctionnaires capables et indépendants. Eh bien ! je vois la position de ces employés mise en question parce qu'ils auront déplu à tel ou à tel d'entre vous; je ne dois pas vous cacher que j'ai vu avec un extrême déplaisir les deux exécutions qui ont atteint deux des fonctionnaires les plus méritants du service local. Depuis plusieurs années, vous visiez le poste de directeur de l'imprimerie pour un de vos collègues; l'année dernière vous avez cru qu'il la tenait parce que le titulaire avait demandé sa retraite; vous n'avez donc pas touché à ce poste; mais la demande de retraite ayant été retirée, le même fonctionnaire a repris son emploi. Aussi, cette année vous avez supprimé la place pour évincer le titulaire, sauf à la rétablir l'année prochaine en faveur de votre ami... si le gouverneur le propose, ce qui n'est pas certain. Eh bien ! le coup que vous avez cru porter a frappé dans le vide. Quelques heures avant le vote, j'avais dit au fonctionnaire dont il est question, que le gouverneur de la Guadeloupe me l'ayant demandé pour diriger l'imprimerie de la Basse-Terre, je désirais satisfaire mon collègue, qu'il n'avait donc qu'à partir par la première occasion.

« L'autre fonctionnaire que le conseil a frappé est des plus recommandables par son dévouement aux pauvres et par son savoir. Je suis sûr que la majorité des membres ne le connaissait pas; il a été frappé d'une forte diminution de ses appointements pour satisfaire une haine particulière. Est-ce qu'un des membres du Conseil qui n'avait pas paru jusque-là n'est pas venu siéger pendant deux séances seulement et n'est pas reparti après ce vote? Comment voulez-vous que cette coïncidence m'ait échappé? Je sais mieux que cela : ce vote a été acquis en échange d'un autre vote relatif aux pensions! Je suis sûr que la majorité qui votait avec tant de discipline ignorait cette circonstance.

« Messieurs, je regrette de le dire, ce vote est une mauvaise action, et j'ajouterai que pour plusieurs des membres du Conseil c'est une ingratitude. Vous trouverez mon jugement sévère; mais, messieurs, lorsque je vois l'existence des employés qui sont sous mes ordres, sans aucune garantie contre le caprice et les rancunes, quand je les vois sacrifiés à des haines de parti, je ne peux, moi, leur défenseur naturel, retenir l'expression de mon indignation.

« Vous avez cru devoir augmenter les appointements du directeur du bassin de radoub; j'applaudis à cette mesure, car je crois que ce fonctionnaire n'avait pas des émoluments suffisants; il a su conquérir vos bonnes grâces, je l'en félicite, car vous avez donné maintes preuves du danger qu'il y a à vous déplaire. Le bassin de radoub m'en rappelle un exemple; son directeur était en même temps capitaine de port; il a déplu à deux membres du conseil à qui, paraît-il, il n'avait pas montré assez de déférence; on lui a fait entendre qu'il s'en repentirait, et, en effet, le conseil général a reconnu la nécessité, pour le bien du service, de séparer le bassin de radoub de la capitainerie du port; on a voté 3,000 fr., je crois, pour un directeur du bassin de radoub, et supprimé au capitaine de port les 1,000 francs de supplément qu'il touchait pour les deux services réunis. L'année dernière, le capitaine de port étant rentré en grâce auprès des conseillers généraux, le conseil lui a restitué les 1,000 francs qu'on lui avait retirés.

« J'avais combattu la séparation des deux services, parce que ça marchait bien, et, en outre, je savais la vraie raison de cette mesure. Aujourd'hui, on songe sérieusement à réunir de nouveau les deux services, et cela serait déjà fait s'il n'avait fallu sacrifier quelqu'un, mettre le capitaine de port dehors, pour réunir les deux services, quand il a été déjà sacrifié une fois pour séparer ces mêmes services; c'était difficile! On n'a pas osé, on s'est contenté d'augmenter les appointements du directeur du bassin de radoub.

« Vous avez terminé vos travaux par un vote fort déplaisant pour l'administration, car c'est un vote de défiance. Vous avez décidé que les bourses seraient maintenues, mais seulement à la condition que la commission d'examen renfermerait quatre conseillers généraux. J'ai toujours pensé que le magistrat, l'ecclésiastique et le chef de bureau offraient suffisamment de garanties; mais, dites-vous, la voix du président étant prépondérante, les trois conseillers généraux sont toujours en minorité. Il semblerait alors qu'ils sont systématiquement d'un avis différent des autres membres, et que, pour leur assurer la prépondérance, vous les portez au nombre de quatre. Cette mesure indique des intentions évidentes de partialité; j'y acquiescerai néanmoins, car je n'oublie pas que sans cela ce sont les enfants pauvres qui perdraient les moyens d'acquérir de l'instruction.

« Messieurs, à partir de ce moment, le Conseil va être renouvelé par moitié, ou du moins la moitié des membres sera soumise à une autre élection; je vous vois déjà sûrs d'être réélus, car beaucoup d'entre vous, celui-ci au nord, celui-là à l'est et cet autre au sud, vous faites les élections à votre guise, vous tenez les électeurs dans votre main. Eh bien, messieurs, savez-vous quelle opinion cela donne du suffrage universel à la Martinique? C'est qu'on s'est trop hâté d'y introduire cette institution. Comment! les suffrages sont à la disposition de quelques hommes, d'un petit groupe qui fait ce qu'il veut! Qu'est-ce que c'est donc que de pareils électeurs! Je vous le répète, ce pouvoir qu'ont ainsi quelques personnes est dangereux; c'est la condamnation du suffrage universel dans cette colonie.

« Je pense, messieurs, que ma santé va m'obliger de prendre incessamment un congé de convalescence. Laissez-moi croire qu'à mon retour, je vous trouverai convertis à mes idées sur le respect que l'on doit aux situations acquises par de bons services et que vous ne serez plus, dans vos réunions, préoccupés que des intérêts de la colonie, en laissant de côté toute personnalité. »

Tout homme raisonnable blâmera un langage aussi virulent, il manque à la réserve que doit s'imposer le représentant de l'autorité. C'est un véritable réquisitoire. Que les votes du conseil n'eussent point paru sages au gouverneur, que la sagesse de quelques-uns eût été contestable, on ne peut excuser un gouverneur de parler sur ce ton aux mandataires du pays. En proie à une colère toujours croissante, l'amiral descend à des outrages individuels. « Je vois la position des employés « capables et indépendants mise en question parce qu'ils auront « déplu à tel ou tel d'entre vous... Un fonctionnaire recom- « mandable par son dévouement aux pauvres a été frappé « d'une forte diminution de ses appointements pour satisfaire « une haine particulière... Ce vote a été acquis en échange « d'un autre relatif aux pensions. Il est une mauvaise action et « j'ajouterai que pour plusieurs des membres du Conseil c'est « une ingratitude. » Lors même que le Conseil a pris une détermination qu'il approuve, l'orateur y cherche des motifs qui la déshonorent : « Vous avez cru devoir augmenter les « appointements du directeur du bassin, j'applaudis à cette « mesure, car il n'avait pas des émoluments suffisants. Il a su « conquérir vos bonnes grâces. Je l'en félicite, car vous avez « donné maintes preuves du danger qu'il y a à vous déplaire. »

Nous ne concevons pas qu'au milieu de ce débordement d'injures M. le président du Conseil et ses collègues soient restés muets, que pas un d'eux, prompt à venger sa propre dignité, n'ait pas interrompu M. l'amiral Cloué pour lui dire, en se retirant avec éclat et en invitant bien haut ses collègues à le suivre, qu'il n'était venu pour recevoir ni des leçons ni des insultes.

Du reste, nous avons toujours regretté et nous regrettons encore pour l'honneur du Conseil qu'il n'ait pas relevé une à une toutes les accusations dirigées contre quelques-uns de ses membres.

L'amiral finit son incontinente harangue par une charge à fond contre le suffrage universel et le corps électoral. « Vous « faites les élections à votre guise, vous tenez les électeurs « dans votre main. On s'est trop hâté d'introduire le suffrage « universel à la Martinique. Les suffrages sont à la disposition « de quelques hommes, d'un petit groupe, qui fait ce qu'il « veut. Qu'est-ce que de pareils électeurs ! » On retrouve ici l'impétueux M. Cloué tout entier, toujours aveuglément emporté par sa passion du quart d'heure. Il n'avait jamais été un ennemi du suffrage universel, mais il est mécontent du Conseil, le Conseil est sorti du suffrage universel, donc le suffrage universel est un danger *pour la Martinique* et les électeurs de la Martinique sont des espèces ! On ne pouvait être plus agréable à la petite faction qui voudrait supprimer les libertés publiques dont jouissent les colonies.

Cette sortie dans la bouche du représentant du gouvernement contre le suffrage universel de qui l'Assemblée nationale tient le pouvoir souverain qu'elle exerce, contre une institution qui est la maîtresse-pierre de l'édifice gouvernemental de la France est une grande imprudence et l'on s'étonne davantage encore qu'elle soit commise par un homme qui fait poursuivre « les délits de parole. » Que mettre donc à la place du suffrage universel ? Le suffrage restreint ! Rappelons ici que les dix-sept-cent-dix-sept colons qui réclamaient sous l'empire le rétablissement du suffrage universel faisaient valoir que « le suffrage « restreint et privilégié serait pour les colonies sur certains « points, la source d'une irritation extrême et la semence de « discordes qui pourraient conduire à la guerre civile. »

Il n'y a pas d'exagération à dire qu'un discours semblable parti de si haut est une sorte de calamité pour le pays, c'est un aliment donné à la discorde. Nous n'en voulons pour preuve que le parti qu'en ont tiré « les conservateurs » du journal *Les Antilles*. Cet organe des rétrogades est « heureux de constater « que le gouverneur, éclairé sur les hommes et les choses, « *confirme ses opinions*. » Il le félicite « d'avoir ouvert les yeux à la vérité ! » et de cette « vérité » il fait la base d'une diatribe contre la classe de couleur appelée « les communards du crû » et contre le suffrage universel taxé « d'institution ridicule ! » Il prodigue au Conseil général des outrages fort niais à la vérité, mais qui n'en sont pas pour cela moins grossiers, enfin il pousse ses excitations à la haine au point que M. Saint-Phalle, se sentant compromis lui-même par les excès de paroles de ses maladroits amis, s'est vu obligé, usant de ses pouvoirs discrétionnaires sur la presse, de leur envoyer un avertissement où nous lisons : « Les attaques injurieuses et directes du « journal *Les Antilles* sont de nature à provoquer une polé- « mique irritante ; la violence de son langage n'est propre qu'à « exciter les passions et les rancunes. » (*Moniteur* de l'île,

16 décembre). Ainsi font « les conservateurs » de la Martinique (1).

L'amiral Cloué, qui les inspirait si bien, semble avoir perdu alors toute liberté d'esprit. Il ne put se contenter de son discours, il eut la singulière idée d'écrire à chaque membre du Conseil général une lettre comminatoire conçue en ces termes :

« Monsieur le conseiller,

« J'ai l'honneur de vous prier de vouloir bien me faire connaître votre réponse aux questions suivantes :

« 1° Étiez-vous de la commission qui a élaboré le discours qui a été lu au gouverneur par le président du Conseil général, au moment de la séparation de cette assemblée ?

« 2° Aviez-vous connaissance de ce discours avant de l'entendre lire au gouverneur ?

---

(1) Ces grands civilisateurs ne cessent de donner ces leçons de modération et de bon goût aux « barbares ». Ils viennent encore de s'attirer le *communiqué* suivant à la date du 24 septembre 1874 :

« Le journal *les Antilles* a publié dans son numéro de mercredi 23 septembre, sous la signature Lejeune de Larochetierre, un article contenant des attaques violentes et passionnées contre la municipalité de Saint-Pierre, et notamment contre le maire de cette ville.

« Il est profondément regrettable qu'un journal qui se dit animé d'un esprit de conciliation et de sagesse, ait pu accueillir, dans ses colonnes, des provocations d'un caractère aussi injurieux et auxquelles la presse ne devrait pas prêter le concours de sa publicité.

« Cet article, en effet, s'écarte des règles les plus élémentaires des convenances, sort des bornes de la discussion publique, et déverse gratuitement l'outrage sur des fonctionnaires honorables. Le premier magistrat municipal de Saint-Pierre ne saurait être atteint par des insinuations malveillantes présentées sous une forme aussi blessante que peu mesurée, lorsque tous ses actes témoignent hautement qu'il ne se laisse guider que par l'intérêt général.

« Il est vraiment étrange de voir prendre personnellement à partie le maire actuel de Saint-Pierre dans une question dont il n'a fait que continuer l'instruction, suivant les formes réglementaires et dans un but d'utilité publique incontestable. »

Si honteux que nous soyons pour la presse de notre pays de voir même le journal *les Antilles* soumis à ce régime de la férule, disons qu'il est vraiment heureux de « se dire animé d'un esprit de conciliation et de sagesse. » Il en est quitte, lui, pour de simples *communiqués* lorsqu'il « déverse gratuitement l'outrage ». M. Saint-Phalle n'a pas ces ménagements pour la feuille des républicains, il la frappe brutalement de suspension lorsqu'elle se borne à reproduire un article qui avait déjà paru dans deux journaux de la métropole !

« 3° En supposant que vous l'ayez entendu lire pour la première fois au gouverneur, approuvez-vous ce discours prononcé par le chef d'une députation dont vous faisiez partie?

« Recevez, etc.

« *Le contre-amiral gouverneur*,

« CLOUÉ. »

Comment l'amiral put-il espérer qu'on répondrait à une pareille épître et qu'entendait-il faire des réponses s'il les obtenait? Il est difficile de l'imaginer. C'était courir de gaieté de cœur à une humiliation. Ses ennemis furent heureux de garder un silence dédaigneux, et, nous tenons de ses amis, qu'ils se rendirent auprès de lui pour lui expliquer qu'aucun homme ayant le respect de soi-même ne pouvait accepter sa sommation.

Il n'en continua pas moins à affliger ses amis autant qu'à étonner ses ennemis par les mesures les plus excessives prises coup sur coup avec une sorte de surexcitation nerveuse. Il révoqua M. Godissard, maire de Fort-de-France, « attendu que « son attitude envers le gouverneur est hostile et agressive, » (*Moniteur*, 12 décembre) et trouvant on ne sait quelle furieuse satisfaction à faire éclat de cet acte de maître, il ordonna puérilement, contre tout usage, d'afficher l'arrêt sur les murs de la ville. On lui avait fait observer qu'il ne pouvait citer aucun acte du maire « hostile ou agressif, » qu'il était impolitique de rendre le maire responsable des œuvres du Conseil général, ce fut en vain. Chacun comprit que le maire de Fort-de-France payait pour le président du Conseil général. Plusieurs membres du conseil municipal, indignés, donnèrent leur démission. L'amiral, n'oubliant pas sa courtoise apostrophe aux électeurs, fut peu tenté de les appeler à remplir les siéges vacants; il aima mieux dissoudre d'un autre trait de plume le Conseil municipal, dont les bons rapports avec l'administration n'avaient cependant jamais été troublés une minute depuis trois ans; il le remplaça par une commission, à la tête de laquelle il mit un homme notoirement connu pour un ardent réactionnaire. Dans cette commission, il fit entrer assez mal à propos les conseillers non démissionnaires, mais ils ne consentirent pas à être les instruments de ses vengeances, ils se retirèrent. Ayant à choisir entre le mandat des « électeurs » et celui du gouverneur, ils refusèrent celui du gouverneur. De plus, ils savaient trop que les commissions municipales représentent toujours l'arbitraire pour qu'il pût leur convenir d'y rester.

Parlant des hommes dont nous nous honorerons toujours d'avoir obtenu les suffrages, M. l'amiral Cloué s'est écrié : « Qu'est-ce que de pareils électeurs ! » Il semble avoir voulu donner lieu de dire : « Qu'est-ce qu'un pareil gouverneur ! » En même temps qu'il frappait l'innocent conseil municipal de Fort-de-France, il décréta la dissolution du Conseil général (18 décembre), « considérant que la majorité du conseil n'a « cessé de manifester des tendances politiques de plus en plus « accentuées, que ses votes systématiques menacent de compro-« mettre les graves intérêts que la représentation locale a pour mission de sauvegarder. » Dissoudre un conseil parce qu'il « manifeste des tendances politiques, » ressemble beaucoup à une très-vilaine chose, à un procès de tendance. Qu'on lise d'ailleurs, nous a-t-on écrit, les procès-verbaux des séances du Conseil et l'on verra que le premier motif formulé n'est qu'un prétexte. Quant au second motif, s'il pouvait obtenir quelque crédit, ce serait la suppression des Conseils généraux ou au moins de toute liberté de discussion pour eux. Un préfet, un gouverneur pourrait toujours dissoudre un Conseil général qui n'irait pas prendre ses ordres pour voter, en disant qu'il « me-« nace de compromettre les graves intérêts du département. »

Toutes ces exécutions sommaires accomplies, l'amiral-gouverneur fatigué, crispé, épuisé, malade, aussi mécontent sans doute de lui-même qu'il l'était des autres, s'embarqua pour refaire sa santé sur le sol natal. Il laissait la Martinique moralement agitée, il lui avait fait perdre en quelques jours les bénéfices de l'équité qui avaient distingué le début de son administration. Nul doute qu'il n'ait été la victime de faux rapports auxquels ses préventions lui ont fait prêter une oreille trop complaisante. Personne ne croira que si la prétendue conspiration échafaudée sur deux grossières lettres anonymes avait existé, la justice n'aurait pu en découvrir quelque fil, personne ne croira qu'il n'en aurait pas transpiré quelque chose lors même que « les mesures énergiques » prises par le gouverneur l'auraient, comme il se le persuade, empêché d'éclater.

Ce qui ne fait plus question, c'est l'admirable bon sens dont la population tant calomniée a donné de nouvelles preuves. Les administrés ont été plus sages que les administrateurs. La circulaire menaçant de mort des rebelles inconnus, la proclamation annonçant une répression foudroyante, la levée de francs-tireurs à pied et à cheval, les promenades militaires, le maire de Fort-de-France révoqué, le Conseil général dissous; tout cela c'était de la terreur au petit pied. Ainsi provoqué, le peuple aurait pu se livrer à quelques protestations bruyantes, mais rien ne parvint à l'émouvoir, il n'a pas voulu faire le jeu de ses ennemis; impassible, il n'a pas donné la moindre prise contre lui. On sera bien forcé de reconnaître tout ce qu'il a montré d'amour de l'ordre, et ceux qui vont décider de son droit à avoir des représentants au Parlement lui rendront justice. Ils le jugeront sur ses actes. Que cette population bienveillante par nature, inoffensive, laisse donc passer l'orage sans perdre confiance dans l'affermissement de ses libertés politiques. La vérité prévaudra. La République, qui est la consécration de tous les droits comme l'appel à tous les devoirs, restera la protectrice des hommes de bonne volonté.

Une raison de plus servira à convaincre l'Assemblée nationale de l'inanité du projet d'insurrection si cruellement exploité par les ennemis de la fusion, c'est que depuis un an qu'est parti l'amiral Cloué, la Martinique a joui d'une paix profonde. Le gouverneur actuel l'a constaté, non sans un légitime orgueil, en ouvrant le 23 novembre 1874 la session ordinaire du Conseil général (voir p. 35); et en recevant le Conseil à la fin de la session, il a constaté de même que l'ordre était rétabli dans les régions officielles. « J'éprouve, a-t-il dit, une « grande satisfaction à voir le bon accord qui n'a cessé de « régner entre le Conseil et l'Administration. »

Sans vouloir entrer dans le détail des travaux de cette heureuse session, il en est un auquel nous devons référer. Le lecteur peut se rappeler avec quelle passion l'amiral Cloué avait blâmé l'ancien Conseil de ses votes pour la création d'un lycée laïque (voir p. 45). Eh bien, là encore la voix publique lui a donné tort, le nouveau Conseil a voté une somme de 100,000 francs destinés, avec les 250,000 votés en réserve par l'ancien, à l'établissement d'un lycée laïque semblable à celui dont l'île de la Réunion jouit depuis quarante ans, et auquel elle doit l'esprit libéral qui l'a affranchi du préjugé de couleur. Ainsi se trouvera bientôt satisfait un vœu de la grande majorité des habitants de la Martinique.

§ 5

Suspension du journal « le Bien public »

Le Conseil général ayant terminé ses travaux de l'année, M. l'amiral-gouverneur, en le dissolvant, se donnait une petite satisfaction toute personnelle. Le moins qu'on puisse dire de cette mesure prise *ab irato* en novembre, est que, frappant dans le vide, elle ne pouvait conduire à rien. Il fallut procéder à de nouvelles élections au mois de mars. Elles eurent lieu dans le calme le plus parfait, et l'on a seulement à regretter qu'un trop grand nombre d'électeurs aient négligé le devoir de prendre part au scrutin.

M. l'amiral Cloué avait dissous le Conseil, parce que, à son avis, « les votes systématiques de la majorité menaçaient de « compromettre les graves intérêts que la représentation locale « a pour mission de sauvegarder. » Le pays n'a pas ratifié cet arrêt; beaucoup des membres de l'ancien conseil, contre lequel il s'était ainsi prononcé, ont été réélus. En même temps le suffrage universel a montré de nouveau à la Martinique une sagesse remarquable dans ses choix. Ceux que leurs ennemis déclarent incapables d'exercer le droit électoral avec discernement, oubliant l'ostracisme dont ils étaient autrefois frappés, ont fait éclater leur excellent esprit politique. Sur les vingt-quatre conseillers qu'ils avaient à élire, ils en ont nommé onze appartenant à la classe autrefois privilégiée et jouissant de l'estime générale : M. Maugée, grand planteur sucrier et maire du Lamentin ; M. C. Clerc, grand planteur de même et médecin ; M. Godissard, notaire et maire de Fort-de-France; M. Comairas, négociant et maire de Saint-Pierre ; M. Beigne, journaliste ; M. Desmazes, ancien ordonnateur général ; M. Chesneaux, propriétaire ; M. Thoré, grand planteur sucrier ; M. Martineau, avocat ; M. Lesades, ancien planteur et ancien négociant ;

M. Arrouard, créateur et directeur d'une usine centrale. Sont-ce là des gens de rien, ignorants, sans consistance, n'offrant par leur position aucune garantie à l'ordre, à la propriété, à tous les intérêts essentiels de la société ?

De ceux qui composent ainsi leurs listes, l'amiral Cloué aura beau dire dans ses emportements : « Qu'est-ce que de pareils électeurs? » les gens de sang-froid et de bonne foi répondront : « Ce sont des électeurs fort intelligents, comprenant bien les nécessités du présent et de l'avenir.»

Des élections faites dans cet esprit de modération, de paix, de rapprochement des classes, ne témoignent-elles pas combien on méconnaît les hommes auxquels on prête l'absurde pensée de vouloir se substituer aux anciens dominateurs du pays ?

Le suffrage universel met, il est vrai, la majorité entre leurs mains. Ils n'ont jamais été tentés de prendre, ils n'ont jamais pris leur revanche du temps où on les excluait de tout, ils n'ont jamais abusé, eux, du bénéfice que leur procurait l'égalité des droits politiques enfin accordée à tous les enfants de la grande famille française, ils ont toujours tendu la main de conciliation à leurs rivaux ; malheureusement les hommes de haine étaient parvenus jusqu'à cette heure à la faire repousser. C'est là un point qu'il importe de mettre dans tout son jour, car les ennemis de la paix ont l'audace, après s'être dédaigneusement récusés, de se présenter comme des victimes.

M. Martineau, conseiller à la cour d'appel, dans les réponses au questionnaire que nous avons eu occasion de citer (voir page 34) n'a pas craint de dire : « Les blancs sont écrasés par « le nombre ; depuis l'établissement du suffrage universel, leur « influence est presque annihilée. Les élections sont dans les « mains de quelques individus qui composent comme ils « veulent les Conseils généraux et les Conseils municipaux et « *qui en excluent les hommes intéressés à l'ordre et à la pro-* « *priété.* » M. Bourgouin, un autre conseiller, faisant de même une excursion dans la politique à propos du jury, a dit à son tour : « On écarte systématiquement des Conseils généraux et « des Conseils municipaux les hommes vraiment libéraux, les « seuls peut-être qui soient capables de bien mener le pays.»

On ne peut guère pardonner à des magistrats de manquer à la vérité d'une manière aussi effrontée. Il a été avoué par

M. Lareinty, dans une polémique récente, qu'aux élections de 1871 pour l'Assemblée nationale, une députation d'électeurs de la majorité est allée offrir une candidature de conciliation au journal *les Antilles* et qu'elle a été repoussée. (Voir aux pièces justificatives nº 1). Si nos amis avaient eu affaire à des gens raisonnables, si leur démarche avait été accueillie comme elle devait l'être, elle pouvait naturellement servir de base au rapprochement des partis. On ne l'a pas voulu, et ceux qui ne l'ont pas voulu doivent en garder la responsabilité. D'un autre côté, dans les élections pour le Conseil général et les Conseils municipaux, des colons que M. Martineau appelle « intéressés à l'ordre et à la propriété » furent spontanément nommés sans même avoir posé leur candidature, ils ont systématiquement donné leur démission sans prendre la peine de dire pourquoi. C'est encore là un fait avéré. Nous pouvons rappeler notamment ce qui s'est passé en 1871. Onze membres étaient à élire pour le Conseil municipal de Saint-Pierre. Le comité électoral des hommes que l'on ose incriminer porta sur sa liste *six* candidats, tant nègres que mulâtres, et *cinq* blancs. Qu'arriva-t-il? Les cinq blancs furent nommés, mais à peine le résultat du scrutin connu, ils déclinèrent le mandat qui leur était offert. En somme, tout en réservant le droit absolu des électeurs de donner leurs voix à des candidats qui leur sont sympathiques, nous portons hautement le défi à MM. Martineau, Bourguoin et consorts, de citer un de ces grands personnages « intéressés à l'ordre et à la propriété, » selon leur ridicule expression, qui ait été proscrit par le suffrage universel. Est-ce clair?

Au surplus, l'évidence continue à leur donner un éclatant démenti. On vient de voir comment est composé le nouveau conseil. Assemblé le 23 novembre, il a procédé à la formation de son bureau. Eh bien! M. Desmazes a été élu président par seize voix sur dix-huit membres présents; M. Comairas, vice-président, MM. Arrouard et Husson, secrétaires, ont été nommés avec le même nombre de voix, c'est-à-dire à la presqu'unanimité. Sur quatre membres, le bureau compte de la sorte trois blancs : les deux présidents et un secrétaire. Voilà comment les « envieux » « usent de la force brutale du nombre pour écraser la classe blanche et annihiler son influence.»

Laissons toutes ces indignités et réjouissons-nous du bon

avenir qui se prépare. Rien de plus heureux que l'entrée au Conseil général du groupe des privilégiés d'autrefois que nous avons nommés plus haut. Ainsi se trouve rompue la coupable ligue des démissions systématiques. En voyant des sujets aussi honorables de leur classe prendre part aux affaires administratives du pays, les faibles qu'un faux respect humain arrêtait ne se croiront plus obligés de rester sous la tente, et la fusion commencera au grand avantage de la chose publique. C'est dans l'union des hommes de bonne volonté des trois classes, dans leur coopération à la même œuvre d'intérêt général qu'est le salut.

Mais plus les élections nouvelles satisfaisaient les amis de la conciliation, plus elles ont vivement irrité la faction des aveugles qui cherchent à perpétuer l'antagonisme des races. Il est clair, en effet, que du moment où des blancs considérables et considérés, rompant courageusement avec les vieux préjugés, allaient délibérer avec des hommes de couleur, le triomphe du parti de l'ordre était assuré. Leur présence au Conseil général était un faisceau d'union qui se formait. Il fallait le rompre, il fallait les déterminer à refuser le mandat qui leur était confié. Tout a été mis en œuvre dans ce mauvais dessein; on n'a pu heureusement réussir cette fois qu'auprès de M. C. Clerc.

Il est certain que M. Clerc avait accepté la candidature qui lui avait été offerte, qu'il ne s'est pas abstenu comme tant d'autres de son rang le font systématiquement, que lui et ses enfants ont pris part au vote; il n'est pas moins certain qu'une fois élu, il avait accepté sa nomination. Et pourtant il a fini par se désister. Nous n'avons pas le droit de scruter ses motifs, mais il nous est permis de demander pourquoi il ne les a pas fait connaître. Pourquoi, pas plus que ceux qui l'avaient précédé dans cette voie, il n'a fait l'opinion publique juge de sa résolution? Que ces messieurs ne disent-ils sur quelles raisons ils se fondent pour refuser toute participation à la gestion des affaires de la Commune? Nous nous sommes permis plus d'une fois de les y inviter, mais toujours en vain. Croient-ils avoir des griefs? qu'ils les exposent; on y trouverait sans doute remède en les discutant. Se pensent-ils seuls capables de remplir les fonctions municipales, ou leur semble-t-il qu'il ne convient pas à leur dignité de blancs de les partager avec des nègres et des mulâtres? Qu'ils l'avouent franchement, on saura du moins ce qu'ils veulent. Au résumé, que désirent-ils? Voilà ce qu'il faudrait savoir. Ils devraient songer qu'en se tenant à l'écart, ils donnent quelque crédit aux incorrigibles, aux Martineaux et aux Bourgouins, qui représentent la population de la Martinique comme une tourbe effervescente toujours prête à se soulever contre la race « d'origine européenne » et voulant l'exclure de tout tandis qu'elle l'appelle au contraire à toutes les fonctions dont dispose le suffrage universel.

Il faut convenir, à la vérité, que l'autorité ne travaille guère à éclairer les blancs égarés. Loin de s'attacher autant par devoir que par raison à les ramener à des idées plus saines, plus droites, c'est elle, au contraire, qui se charge trop souvent d'alimenter les passions locales, d'entretenir le funeste préjugé de couleur, la plaie des Antilles. Dernièrement encore, le 14 avril, ayant à instituer un comité d'exposition composé de treize membres, elle les a pris *tous* dans la classe blanche. C'est ainsi qu'elle enseigne la conciliation, le respect du principe d'égalité. Tels sont les exemples de prudence qu'elle donne. Et cela, notez bien, elle le faisait au moment même où elle venait de dissoudre un conseil municipal, celui de la commune du Lorain, parce que les divers éléments de la population ne s'y trouvaient pas suffisamment représentés!

Nous apprenons sans surprise que ce nouvel acte de partialité a beaucoup indisposé la classe mise à l'index.

Quoi qu'il en soit, l'excellente masse de la population martiniquoise ne se laissera pas détourner de la bonne route : dédaignant les injustices, elle continuera de s'efforcer de fonder l'ordre sur la seule base solide qu'il puisse avoir, la fusion des races dans leur union politique. Elle sait que le bien est difficile à conquérir, elle y mettra de la patience et de la fermeté. L'heureuse composition du Conseil général prouve qu'elle a déjà rallié à elle beaucoup de gens de cœur qu'on voulait lui aliéner; elle persévérera, et les inventeurs de la *terreur noire* en seront pour leurs frais de calomnies.

Ce que nous venons de dire sur la réélection du Conseil général formait la substance d'un article inséré au *XIXe Siècle* (2 juin). Cet article, on le voit, louait l'esprit de paix, de conciliation, de rapprochement sur le terrain politique qu'avaient montré les électeurs en choisissant, pour les envoyer au Conseil général, des hommes pris dans les différentes classes de la population et dignes à tous égards de représenter leurs concitoyens; il blâmait les aveugles qui ne voulaient pas adopter cette ligne de conduite. Dans ce que nous disions du mauvais calcul de la composition du comité, il n'y avait rien qui dépassât les limites d'une discussion de bon aloi. Il n'y aurait pas de journalisme possible si l'on ne pouvait dans cette mesure critiquer tel ou tel acte de l'administration. L'article paru dans le *XIXe Siècle* avait été reproduit, à Paris, dans le *Journal d'Outre-Mer*, sans éveiller l'attention du ministère de la marine et des colonies, qui est certes aussi soucieux du bon ordre qu'on peut l'être, le *Bien public* de la Martinique pouvait donc, sans se croire coupable, lui donner place dans ses colonnes. M. Saint-Phalle, directeur de l'intérieur, n'en a pas jugé ainsi, il a prétexté de cet article pour infliger une suspension d'un mois au *Bien public*, à une feuille que la crainte de ses rigueurs rend notoirement d'une timidité extrême, à une feuille qui avait laissé passer sa circulaire à menace de mort, et l'insulte adressée par le gouverneur au corps électoral sans dire un seul mot, tant lui inspire de terreur le pouvoir qu'il a de la supprimer d'un trait de plume.

Les raisons de son ukase sont curieuses : « Considérant que « cet article, sous une apparence de conciliation, constitue de « fait, et dans tout son ensemble, un appel passionné à l'antagonisme entre les anciennes classes de la société coloniale; « qu'en taxant l'administration *de partialité et d'injustice* à « l'égard d'une partie de la population qu'elle aurait *mise à « l'index*, cet article tend à jeter la déconsidération sur l'au- « torité supérieure dont les actes ne se sont jamais inspirés « de l'esprit de parti ; considérant, etc. »

Nous n'hésitons pas à le dire, M. Saint-Phalle en nous accusant d'exciter à l'antagonisme des races, nous calomnie sciemment. Cette odieuse imputation n'a rien de fondé; seulement M. Saint-Phalle a gardé ses habitudes d'ancien sous-préfet « à poigne, » il emploie l'arbitraire que lui laisse la loi, une loi de l'Empire, à étouffer la légitime critique d'un de ses actes. C'est le bon plaisir poussé à sa plus fâcheuse puissance. En choisissant *exclusivement* dans une partie de la population *tous* les membres d'un comité ne mettait-il pas l'autre *à l'index*, ne montrait-il pas *de la partialité et de l'injustice* à l'endroit de la classe qu'il écartait : celle de couleur? Que de moins propre à « apaiser les rancunes, et à consolider la « fusion » que de composer ce comité de façon à en faire une faveur pour une classe et une disgrâce pour l'autre? Osera-t-il nier que M. le maire de Saint-Pierre ne l'ait entretenu du mécontentement qu'elle éprouvait, comme le disait l'article, de l'exclusion dont il la frappait?

En affectant d'une manière aussi accentuée de ne lui donner aucune place au sein d'une commission où elle pouvait sans le moindre doute possible fournir des hommes compétents, et cela « dans un pays où, dit-il lui-même, les passions sont « faciles à soulever, » « n'alimentait-il pas les passions et « n'entretenait-il pas le funeste préjugé de couleur? » Que n'eût-il plutôt suivi l'excellent exemple que venait de lui donner le suffrage universel?

Comment M. Saint-Phalle motive-t-il son arrêté? Précisément en nous imputant de faire ce que nous lui reprochions d'avoir fait, le procédé est digne d'un serviteur de l'Empire, et montre le danger qui existe à confier le pouvoir à un homme que son peu d'intelligence et son manque de tact, mettent hors d'état d'en user convenablement.

M. Saint-Phalle dit autre part : « Considérant que si de « pareilles attaques contre l'administration coloniale peuvent « être publiées sans inconvénient dans la métropole, leur « reproduction dans la presse locale offre des dangers au point « de vue de l'ordre et de la sécurité générale. »

L'honnête M. Saint-Phalle a montré le cas qu'il faisait lui-même de cette théorie singulière qu'un article innocent à Paris pouvait être mortel à la Martinique. Pendant qu'il frappait d'un mois de suspension le *Bien public* pour avoir reproduit notre terrible article, il laissait circuler librement dans la colonie les deux journaux métropolitains qui l'avaient originairement publié!

M. Saint-Phalle dans toute cette affaire a pris trop peu de soin de cacher qu'il abusait de son autorité en vue de nous faire repentir de l'avoir rappelé aux convenances. En effet, le *Bien public* dans son numéro du 24 avril avait dit absolument la même chose que nous, en termes tout aussi précis, sans qu'il y ait vu les dangers qu'il a découvert à point nommé dans notre écrit. Après avoir donné la liste d'une entière blancheur composée par M. le directeur de l'intérieur, le *Bien public* s'exprime en ces termes :

« Pour être véridique, nous devons avouer que nous avons été fortement étonné, ainsi que nos amis, après examen de cette nomenclature de noms.

« Les organes réactionnaires de la métropole ne se sont point fait faute, comme tout le monde le sait, l'administration ainsi que le public, de représenter (obéissant à une impulsion que nous ne voulons point qualifier ici) la Martinique comme peuplée de deux races, la blanche et la noire. Pour parler l'argot de ces organes, la race noire ne rêvant qu'extermination de la race blanche.

« Que ces organes, fous ou criminels, se livrent à ces insanités et à ces pratiques, nous n'y pouvons rien, la justice ou les aliénistes seuls peuvent y porter remède.

« Mais ici, l'administration qui est sur les lieux, qui sait quel est l'état réel de la colonie, c'est-à-dire un pays plongé dans la paix la plus profonde, où les crimes de droit commun commis par les nationaux sont bien moindres que dans n'importe quel département de France, a-t-elle été bien inspirée — l'honorabilité des membres de la commission mise à part — en composant la commission avec une seule des classes qui composent la population? Ne vient-elle point inconsciemment fournir des armes aux calomniateurs du pays dans la métropole? Voyez, diront-ils, — bien dirigés qu'ils sont en cette matière, — ne disions-nous pas la vérité? Ne disions-nous pas que la race *européenne* seule avait des aptitudes, des mœurs, un patrimoine, un foyer!!! L'administration vient consacrer notre dire, car dans une population de 150,000 âmes, elle n'a pu trouver que dans la race *européenne* les éléments d'une commission aussi simple que celle-ci.

« Est-ce là la vérité? L'administration sait bien le contraire; elle sait mieux que personne que quelle que soit la couleur du derme, l'immense majorité des citoyens est vouée au respect de l'ordre et de l'autorité; elle sait quel appui énergique a prêté sans cesse à ceux qui l'ont gouvernée cette population dévouée.

« Cet appui, les citoyens éclairés qui l'ont prêté et le prêteront toujours, demandent aussi que par application du principe d'égalité, une part équitable soit faite à tout le monde.

« Et quand ils invoquent le principe d'égalité, ils n'entendent point invoquer le principe du nombre, ils n'entendent nullement invoquer le bénéfice d'une proportion mathématique : ce qu'ils invoquent, c'est que l'honorabilité, l'intelligence donnent accès à chacun. Et rien autre.

« Dans le choix des membres de la Commission, l'autorité a visiblement cherché à représenter l'agriculture et les diverses industries ; mais, n'eût-elle point trouvé, en dehors de la race dite *européenne*, trois ou quatre personnes de celle qualifiée aussi improprement *non-européenne ?* Poser la question, c'est la résoudre.

« La seule ville de Saint-Pierre, siége de cette Commission, contient une notable quantité d'hommes de la fraction dite *non-européenne* (pour parler la langue des rétrogrades), qui ne le cèdent à personne en fait de patriotisme et d'honneur — incidemment en fortune — en savoir et en connaissances agricoles et industrielles. Alors pourquoi leur exclusion ?

« C'est sans amertume que nous nous faisons l'écho d'une foule de citoyens, qui ont exprimé leur surprise et leurs regrets. De même que l'autorité, qui doit être laïque et intelligente, ne doit avoir aucune prétention à l'infaillibilité, nous, prenant au sérieux notre rôle de publiciste, nous lui signalons avec franchise un fait qui a indisposé beaucoup d'esprits contre la mesure dont il est question ici.

« L'opinion publique qui tente des efforts couronnés de succès pour amener une vraie conciliation des classes verrait avec un regret profond des faits pouvant amener des résultats inverses.

« C. Beigne. »

Le lecteur a toutes les pièces sous les yeux, qu'il juge de quel côté est la bonne foi.

Après tout, la Martinique n'était pas en état de siége, il n'y avait pas péril en la demeure, pourquoi user des procédés césariens ? Si M. Saint-Phalle avait eu quelque respect de sa propre autorité, il pouvait suivre une ligne qui le mettait à l'abri du soupçon de venger sa cause personnelle, en citant le *Bien public* devant les tribunaux qui, à la Martinique, on le sait par expérience, n'ont pas une indulgence exagérée pour la cause que nous servons et que nous servirons toujours avec passion parce qu'elle est celle de la justice et de l'égalité. A-t-il craint que les tribunaux ne fussent forcés de reconnaître que notre article ne dépassait pas les bornes de la libre discussion? La préférence qu'il a donnée à l'usage de son pouvoir discrétionnaire permet de le penser. A quoi bon des juges si l'on peut frapper les journaux sans jugement?

Dans la séance du 15 avril 1871, au moment où venait d'être votée la nouvelle loi sur la presse, les députés des colonies qui n'avaient pas pour elle une admiration sans bornes, proposèrent néanmoins un article additionnel tendant à la rendre applicable aux colonies. Nos honorables amis, MM. Laserve et Mahy, soutinrent cette proposition au nom du droit, de la justice, de l'ordre et aussi de l'égalité des Français d'outremer devant la loi. Ils représentèrent que le droit de publier sa pensée était aussi sacré pour eux que pour ceux de la métropole, sauf à en être de même responsables devant la justice. Les colonies, dirent-ils, ont joui, de 1848 à 1852, de la même législation sur la presse que la France, sans qu'il en soit résulté aucun inconvénient particulier; il est de toute équité de les affranchir du régime des avertissements et des suspensions arbitraires puisqu'on en délivre la France.

M. Dufaure, garde des sceaux, demanda au nom de M. le ministre de la marine, malade, que la proposition fût ajournée, non pas qu'il la désapprouvât en principe, mais parce qu'il préparait pour les colonies une loi organique dans laquelle trouveraient place les délits de presse, l'objet spécial de la loi qu'on venait d'adopter. Le ministre ajoutait que cette loi organique serait présentée sous peu de temps. Les circonstances ne l'ont pas permis, et la France insulaire est restée soumise à l'odieux régime impérial, qui confisque en réalité la liberté de la presse.

Le ministère de la marine ne veut pas de privilége aux colonies, espérons qu'il n'y laissera pas plus longtemps le troisième pouvoir de l'État en proie à l'arbitraire pur et simple de l'autorité qui lorsqu'elle n'a pas l'amour des choses honnêtes peut en faire le plus mauvais usage. C'est une dégradation pour nos mœurs publiques que la presse soit ainsi régentée, qu'un homme quelconque puisse lui dire grossièrement : « *Je ne souf-* « *frirai* pas que vous parliez de telle ou telle manière. »

Nous demandons aux colonies comme en France des juges pour les délits de presse. Les inculpés auront alors la liberté de parler au grand jour de l'accusation et de la défense, d'exposer leurs principes et de citer les faits. Ils ne seront pas calomniés, condamnés sans être entendus, bâillonnés à la façon du 2 Décembre, et l'on saura bien alors d'où partent « les obstacles à l'apaisement des rancunes et à la fusion.

Dans tous les cas, M. Saint-Phalle se trompe fort s'il espère nous fermer la bouche par ses mesures impériales. Il y a longtemps que nous sommes sur la brèche, nous avons tenu tête à des hommes tout aussi mal disposés et tout aussi puissants que lui aux colonies. Pas plus qu'eux, il ne pourra nous vaincre. Qu'il fasse cause commune avec les incorrigibles pour prétendre que nous provoquons à « l'antagonisme des anciennes classes, » parce que nous montrons, pièces en main, qu'il sacrifie une classe à l'autre, cette accusation ne saurait nous atteindre, nos ouvrages sont là pour en montrer l'insigne mauvaise foi. Au surplus, l'accusation date de loin, elle est renouvelée de 1848; mais pas plus en 1875 qu'en 1848, on ne pourra citer une seule de nos paroles ni un seul de nos actes qui la justifie. Ce qu'elle cache est percé à jour. On nous dénonce comme hostile aux créoles de « race européenne » parce que nous ne sommes pas hostile aux créoles de race africaine; nous ne sommes fauteur de division, d'excitation aux haines de castes, que parce que nous ne sommes pas d'avis de maintenir la suprématie d'une caste. Personne n'échappe à ce genre d'intervertissement des rôles. M. Desmazes, notamment, est donné aujourd'hui, par les inventeurs du péril social colonial, pour un « communard » de la pire espèce, parce qu'il prête le poids de son honorabilité et de son importance de vieux colon à la condamnation du préjugé de couleur. Ainsi que lui, appartenant à la race blanche, nous ne pouvons être l'ennemi des blancs, et il est tout simplement absurde de le supposer. Comme en France, nous ne demandons aux colonies que l'égalité politique, la place au soleil pour tous les hommes quelle que soit la nuance de leur peau, et nous ne sommes l'ennemi que de ceux qui rêvent la perpétuité de privilèges fondés sur une prétendue supériorité de race. Nous avons toujours eu la conviction profonde de défendre le bon droit, la justice et la vérité; ce n'est pas à l'âge où nous sommes parvenu, quand les heures pour nous sont comptées, que l'injustice pourra nous décourager. Quoi qu'il arrive, nous ne faiblirons pas.

§ 6

L'Élection de 1874

En frappant le *Bien public*, M. Saint-Phalle a plus démérité encore des gens honnêtes que nous ne l'avons dit, car il le frappait juste au moment où se préparait une élection pour remplacer l'honorable et regretté M. Pory-Papy. Or, les républicains n'ont pas d'autre journal à la Martinique. Supprimer à la veille d'une élection le seul organe qu'ait un parti, c'est ce qu'on peut appeler tricher au jeu; c'est lui ôter la faculté de lutter à armes égales, c'est donner au parti adverse un immense avantage. Le ministre, M. l'amiral Montaignac, l'a si bien senti que, dans sa loyauté, il a donné l'ordre à son agent de lever la suspension du *Bien public* pendant la période électorale. Par malheur, cet ordre, qui a été une cruelle leçon pour M. Saint-Phalle, n'a pu arriver à temps. Les républicains ont été ainsi privés du secours de la presse; ils n'ont pu provoquer la formation de comités cantonaux qui auraient stimulé le zèle de leur parti et recommandé la discipline; ils n'ont pu éclairer les électeurs sur leurs véritables intérêts en les prémunissant contre les suggestions des prôneurs de l'abstention et en leur montrant que le bulletin de vote est l'instrument par excellence pour obtenir le redressement de leurs griefs. Grâce au coup de force de M. le directeur de l'intérieur, un certain nombre d'électeurs, abandonnés à eux-mêmes, sans direction, ont commis la faute de ne pas aller au scrutin.

Lorsque nous parlons de les diriger, de stimuler leur zèle, nous ne disons rien que les gens de bonne foi puissent réprouver; tout le monde sait, par ce qui se passe en France et en tout pays parlementaire, l'action très-légitime qu'exerce la presse dans les luttes électorales. La mesure prise par

M. Saint-Phalle a réjoui les réactionnaires à double titre : d'une utilité immédiate pour eux dans la circonstance présente, elle ne leur sera pas moins utile dans l'avenir; elle est un surcroît d'intimidation à l'égard du journal qui défend aux Antilles le gouvernement de la République.

Néanmoins, l'élection qui s'est opérée avec un ordre parfait, a été pour notre parti une victoire éclatante. La Martinique a montré une fois de plus combien elle était française en votant comme vote la grande majorité de la France. Deux candidats également honorables se présentaient : M. Desmazes et M. Godissard. L'un et l'autre étaient de bons républicains à des titres divers. Entre eux, soutenus par des hommes populaires, le choix était difficile. Mais M. Godissard avait été l'objet des rigueurs du pouvoir local. Maire de Fort-de-France révoqué, président du Conseil général violemment dissous, sa nomination devenait une satisfaction à tirer des accusations monstrueuses portées contre une partie de la population. On se rappelle les trop fameux articles de la *Terreur noire*, sortis des proclamations et des armements de l'amiral Cloué. Beaucoup d'électeurs, en donnant leur voix à M. Godissard, entendirent voter en quelque sorte contre l'amiral qui avait fait de lui le bouc émissaire de leurs prétendus péchés, et nous aurions voté comme ceux-là. C'était aussi un moyen de manifester leur amour pour le suffrage universel qu'il avait publiquement insulté. Il est facile d'expliquer, dès lors, que M. Godissard ait obtenu la presque unanimité des suffrages: 6,208 voix sur 6,322 votants.

Ce chiffre indique malheureusement un nombre très-considérable d'abstentions qu'il faut expliquer sans pour cela vouloir l'excuser. Il y a à la Martinique un parti peu nombreux, mais très-actif et très-remuant : celui de l'oligarchie coloniale. Il s'efforce de paralyser l'exercice du suffrage universel en vue d'arriver à sa suppression, se rendant assez de justice pour savoir qu'il n'a rien à en attendre. Dans ce but, il s'abstient systématiquement et il use des puissants moyens d'influence dont il dispose surtout auprès des électeurs de la campagne pour les engager à s'abstenir. Plus de suffrage universel, plus de députation coloniale s'il n'y retrouve pas son ancienne prépondérance, comme il l'espérait, lorsque, sous l'empire, il en demandait le rétablissement. Telle est aujourd'hui sa doctrine politique.

Au généreux parti qui montre cette intelligence politique et cet esprit de concorde, l'autorité religieuse, non moins que l'autorité civile a prêté son appui. M. l'évêque Fava a rivalisé avec M. le directeur de l'intérieur pour grossir le chiffre des abstentions. M. Fava est comme tous les ultramontains, beaucoup plus occupé des choses de ce monde que de celles de l'autre, et il fait servir « le saint ministère » à ses fins. Quelque temps avant l'élection, dès le 4 août, il adressait à ses ouailles une circulaire dont le but peu dissimulé était de les éloigner des urnes électorales. Le ton en est précieux :

« A ceux qui nous interrogent sur *notre peuple*, nous répondons avec l'accent d'une conviction sincère que nous avons rarement rencontré une population aussi dévouée que la nôtre à la religion catholique et à ses ministres; plus remplie en général de la crainte de Dieu, plus généreuse quand il s'agit d'œuvres de piété et de charité.

« Ce que nous voudrions taire, N. T. C. F., c'est que nous déplorons la facilité avec laquelle on peut gâter votre bon naturel et même vous faire oublier vos principes religieux au moyen de ce qu'on appelle une idée politique. Il existe parmi vous un fléau d'un caractère spécial : la fièvre politique, non moins funeste pour le pays que la fièvre jaune.

« Élevant notre cœur vers Marie, nous lui avons dit : Bonne mère, guérissez-nous aussi de cette maladie qui divise les cœurs et qui égare les esprits. »

En même temps qu'il élevait son âme vers Marie, M. l'évêque dénonçait, en style de séminaire, ceux qui donnent à S. T. C. F. d'autres enseignements que les siens, comme des hommes « qui leur promettent des jouissances matérielles à satiété, des libertés sans limites et surtout l'exemption de leurs devoirs ! » Quelque accoutumé que l'on y puisse être, on s'étonne toujours de la facilité avec laquelle les prêtres de cette école calomnient leur prochain. Le langage de M. Fava est d'une grande inconvenance, mais il a malheureusement de l'effet sur les crédules qui prennent la parole d'un évêque pour celle de « la religion. »

M. l'évêque Fava a montré de l'adresse. Il ne s'est pas employé à faire voter *son peuple* contre ses véritables amis, il sait trop bien qu'il échouerait dans une telle entreprise, mais il a fait tout le mal qu'il pouvait en poussant à l'abstention. On nous écrit que sa circulaire a une part de responsabilité dans le trop grand nombre d'électeurs qui n'ont pas voté. Beaucoup de braves gens mal éclairés ont cru être agréable à « Marie » et faire acte de bons chrétiens en désertant leur devoir de bons citoyens. Ils ne s'aperçoivent pas qu'ils travaillent contre eux-mêmes; ils fournissent une arme à la réaction, dont le principal argument pour leur enlever le suffrage universel est le peu de cas qu'ils semblent en faire lorsqu'ils ne répondent pas à ses appels. A ne point user du droit de vote, ils donnent prétexte à leurs ennemis de les en dépouiller. Afin de juger combien de tort ils se font en s'abstenant, il leur suffirait de considérer que les adversaires des libertés coloniales s'abstiennent systématiquement.

Qu'ils demandent, d'ailleurs, à M. Fava, pourquoi, si la politique lui paraît si dangereuse, il écrit, lui évêque, dans le journal *Les Antilles*, au nom d'une idée politique? Il leur serait bon de se rappeler le reproche que l'amiral Cloué eut à lui en faire.

Les diocésains de ce turbulent prélat le savent; depuis longues années, nous avons consacré une partie de notre vie à les défendre. Eh bien ! qu'ils nous en croient, nous, un ami qui ne leur a jamais manqué, nous leur disons et nous le disons aussi aux femmes dont l'action est de si grand poids aux colonies dans les choses où l'on mêle « Marie : » Défiez-vous des conseils de votre « pasteur, » ils sont mauvais.

La mère-patrie en vous donnant avec la liberté les droits politiques qui en sont l'apanage, a voulu que vous fussiez de véritables citoyens, elle a voulu que vous pussiez exprimer vos vœux, vos désirs, vos besoins en choisissant les mandataires que vous jugeriez les mieux qualifiés pour vous représenter aux conseils municipaux, aux conseils généraux et à l'Assemblée législative. Ne vous laissez pas tromper. Sachez-le bien : au droit acquis est attaché le devoir d'en user.

Vous êtes membres d'une société libre, les affaires de cette société vous concernent. Qui vous engage à ne pas prendre souci de la manière dont on les administre, à vous garder d'y veiller comme de la fièvre jaune, veut de propos délibéré, vous détourner du premier devoir d'hommes libres, celui de s'occuper de la chose publique. Écoutez plutôt ce qu'a dit M. l'évêque de Quimper, à l'occasion de l'élection du 14 décembre 1873 dans le département du Finistère : « Le chrétien n'a pas seulement

« des devoirs à remplir dans la vie privée, dans l'intérieur de « la famille, il ne peut pas vivre isolé au milieu du monde, il « est intéressé à ce qui peut faire la grandeur et l'abaissement « de la nation à laquelle il appartient..... La conscience fait un « devoir au fidèle de résister, par tous les moyens que lui donne « la loi de son pays, à l'envahissement du mal, et ce serait « pour lui une faute, de ne pas exercer, par paresse ou par « indifférence, le droit que le suffrage universel lui donne de « choisir, pour le représenter, un homme qui soit toujours le « défenseur de ses intérêts les plus sacrés. » (Lettre pastorale lue à l'Assemblée nationale (séance du 2 mars 1874) dans le rapport sur l'élection de M. Swiney, Finistère.)

Dans ces conseils est la vérité. La religion n'exclut pas le patriotisme. Aller à la messe ne dispense pas d'aller au scrutin. Le prêtre qui tire « Marie » du temple pour la mêler à nos débats de parti, qui fait de la politique par la recommandation même qu'il vous adresse de n'en pas faire, n'est pas un bon prêtre; si vous continuiez à l'écouter, à négliger vos obligations, vous n'auriez bientôt plus aucune défense contre l'arbitraire du pouvoir, vous deviendriez un troupeau sans volonté, sans personnalité ne demandant aucun compte au berger qui vous mènerait où il lui plairait.

C'est alors vraiment que, perdant la notion de votre dignité d'hommes libres, comme des intérêts sociaux qui nous font tous solidaires les uns des autres et commandent les sacrifices individuels au profit de la communauté, c'est alors vraiment que chacun n'aurait plus à chercher que « les jouissances matérielles. »

Il est bon d'ailleurs que vous connaissiez bien M. Fava. Il n'en est pas à son coup d'essai d'agitation religieuse aux colonies; il a fait beaucoup parler de lui à la Réunion, où il était vicaire-général. L'*Annuaire religieux* de cette île, publié en janvier 1870 sous sa direction, contient des choses d'une énormité incroyable.

M. Fava, y rendant compte d'une visite pastorale de l'évêque de Saint-Denis en 1869, dit en propres termes : « Les mères accouraient en foule devant monseigneur pour lui présenter les petits enfants. Ces pieuses mères voyaient évidemment en lui *un autre Jésus-Christ*. Leur amour maternel renouvelait les scènes charmantes de la Judée. » (Page 103.)

M. Fava représente les femmes créoles comme assez idiotes pour voir évidemment « dans un évêque » un « autre Jésus-Christ. » Il enseignait ou laissait enseigner sous son nom, en outre, que le prêtre est un homme qui tient la place de Dieu !

« Qu'est-ce que le prêtre ? un homme qui tient la place de Dieu, un homme qui est revêtu de tous les pouvoirs de Dieu... Allez-vous vous confesser à la très-sainte Vierge ou à un ange ? Vous absoudront-ils ? vous donneront-ils le corps et le sang de Jésus-Christ ? Non ; un prêtre le peut. La très-sainte Vierge ne peut faire descendre son fils divin dans l'hostie, un prêtre, tant simple soit-il, le peut.

« Oh ! que le prêtre est quelque chose de grand ! On ne le comprendra bien que dans le ciel ; si on le comprenait sur la terre, on mourrait, non pas de frayeur, mais d'amour. Après Dieu, le prêtre est tout. Laissez une paroisse vingt ans sans prêtre, on y adorera des bêtes. Voyez la puissance du prêtre : la langue du prêtre, d'un morceau de pain fait un Dieu. C'est plus que créer le monde. Quelqu'un disait : Sainte Philomèle obéit donc au curé ? Certes, elle peut bien lui obéir, puisque Dieu lui obéit. Si je rencontrais un prêtre ou un ange, je saluerais le prêtre avant de saluer l'ange. Celui-ci est l'ami de Dieu, mais le prêtre tient la place de Dieu. Sainte Thérèse baisait l'endroit où le prêtre avait passé. » (*Almanach religieux de l'île de la Réunion*, 1870, page 93.)

C'est à l'homme qui se fait l'éditeur responsable de pareilles choses que l'on confie l'enseignement religieux d'une colonie française !

Avant de clore ce chapitre, revenons au grand nombre d'abstentions qui déparent jusqu'à ce jour les élections des départements d'outre-mer. C'est l'argument principal de leurs ennemis. Il n'y a pas grand mal, dit-on, à retirer aux colons une immunité politique dont ils se montrent aussi peu soucieux. On jugera plus équitablement le fait si l'on veut réfléchir à ses diverses causes. D'abord la pratique du suffrage universel est *a priori* contrariée par l'hostilité d'un parti auquel sa position de fortune donne une grande influence sur la masse des électeurs, parti que rend très-puissant l'appui que lui prêtent, comme nous venons de le montrer, une administration antilibérale et le clergé qui, aux colonies de même qu'en France, est tout à l'ancien régime. Non-seulement les employeurs, sachan que leurs travailleurs ne voteraient pas à leur goût, prennent tous les moyens possibles pour les détourner d'aller au scrutin, mais les circonscriptions sont établies à de telles distances qu'il faut presque toute une journée pour s'y rendre. On doit ensuite se rappeler que le suffrage universel est encore jusqu'à un certain point une nouveauté pour la France insulaire. Après y avoir fonctionné de 1848 à 1850, il a été confisqué par l'empire pendant vingt années et il n'est rétabli que depuis trois ans. Peut-on s'étonner que des électeurs tenus si longtemps en tutelle ne soient pas parvenus encore tous à comprendre la haute importance qu'il y a pour chaque citoyen de s'occuper de la chose publique. Comme l'ont dit les colons dans leur pétition au Sénat en 1865 : « L'expérience enseigne que l'usage « rationnel et modéré des droits politiques ne s'acquiert que « par la pratique même des institutions libres. » Cette pratique, nos compatriotes des colonies n'ont pas eu le temps nécessaire pour l'acquérir. Serait-il équitable de leur retirer le droit le plus essentiel de l'homme libre, parce qu'il ne leur a pas été donné encore à tous de s'y accoutumer. Le degré de perfection politique qu'on leur demande, l'a-t-on même obtenu partout dans la métropole, après vingt-six années consécutives d'usage? Le 18 février 1873, M. Bertauld constatait à la tribune de l'Assemblée nationale « que soixante-dix de ses membres « n'avaient pas obtenu un nombre de suffrages égal au quart « des électeurs inscrits, et que cent-un n'avaient pas réuni la « majorité absolue. » En Angleterre, même avec le suffrage restreint, les électeurs montrent-ils toujours le zèle que l'on fait un si grand crime aux créoles de ne pas avoir? Le 1er août 1873, à Greenwich, aux portes de Londres, sur 16,601 électeurs inscrits qui avaient à élire un membre de la Chambre des communes, il n'y eut que 4,526 votants.

Que l'on soit juste, et sans les justifier entièrement, on trouvera bien des excuses pour les électeurs des colonies qui manquent à leur devoir. Ils ont été privés de l'éducation politique que nous avons reçue depuis un quart de siècle. Dans tous les cas, comme l'a dit notre excellent collègue, M. Laserve, ce n'est pas en les dépouillant du droit de voter qu'on leur apprendra à en user.

§ 7

Hostilité de l'autorité contre une des classes de la population

A l'avortement de toutes les recherches de la police pour découvrir quelques traces de la conspiration qu'on lui avait mise en tête, au résultat final de l'action de la justice aboutissant à la condamnation d'une demi-douzaine de pauvres diables pour délit de parole, M. l'amiral Cloué aurait bien dû reconnaître qu'on l'avait indignement trompé. Mais le courage civil est autrement rare que le courage militaire, il n'a pas eu l'énergie d'avouer son erreur, et de revenir sur ses pas. Il est resté la proie des mauvais conseillers. Il leur a tout abandonné.

La manière dont M. Saint-Phalle avait composé le comité d'exposition marquait une tendance très-fâcheuse. On pouvait juger qu'une fois lancée dans cette voie l'administration n'en resterait pas là. Elle s'en prit bientôt individuellement aux fonctionnaires de la classe si délibérément offensée. M. Waddy, receveur de l'enregistrement à la Basse-Pointe, a le tort d'avoir querelle avec une femme. On saisit cette occasion pour le dénoncer, contre toute vraisemblance, au gouverneur dont on connaissait l'exaspération comme ayant mêlé aux injures échangées des paroles politiques dangereuses. Fort de sa parfaite innocence, il demande le nom de son calomniateur afin de le poursuivre devant les tribunaux, il ne peut l'obtenir ! Il sollicite alors une commission d'enquête chargée de connaître des faits. L'amiral Cloué pour qui maintenant tout mulâtre est un conspirateur, refuse l'enquête et sans entendre M. Waddy, peu content de le suspendre de ses fonctions pendant quinze jours, punition méritée, il fait contre lui, à l'administration centrale, un rapport haineux dans lequel il le transforme en « homme de parti » et requiert qu'il soit rayé du tableau d'avancement où l'avait fait placer ses bons services. L'amiral est cru sur parole et l'avenir de M. Waddy est ruiné ! Or, nous avons vu dix ou douze certificats d'habitants notables de son canton portant de lui les meilleurs témoignages et le déclarant incapable d'avoir tenu les propos qu'on lui prêtait. M. Waddy n'a jamais passé pour un homme de parti, il était au contraire connu pour se désintéresser de la politique locale, plus, à notre avis, qu'il ne faudrait.

A son tour, M. Duquesnay, membre du conseil municipal de sa commune depuis 1846 et maire depuis plusieurs années, a été rudement sacrifié dans les circonstances que l'on va voir. Par la lettre suivante qu'il nous a fait adresser, on verra s'il méritait la disgrâce qui l'atteint à la fin de la carrière la plus honorable :

« M. de Saint-Phalle, après avoir ordonné une vérification de la caisse et de la comptabilité de ma mairie, vient de m'adresser la lettre inqualifiable dont je vous envoie copie. Je vous recommande de la communiquer avec ma réponse à M. Schœlcher, notre représentant. M. de Saint-Phalle essaie méchamment de porter des soupçons sur mon honorabilité de magistrat et sur mon caractère privé. Il transforme en irrégularités criminelles ce que l'on peut à peine appeler des négligences, négligences insignifiantes sur lesquelles il a toujours fermé les yeux dans les autres municipalités. En m'écrivant une lettre aussi inconvenante, il montre qu'il n'avait qu'un but : se débarrasser de moi ; et en effet, il a nommé à ma place M. Chieusse, un de mes adjoints. Mais il ne vous échappera pas que M. Chieusse est dans la philippique de M. de Saint-Phalle l'objet d'un blâme très-sévère, pour une faute d'ailleurs très-légère. Ce choix prouve assez que M. le directeur de l'intérieur, tout le premier, ne voyait rien de bien sérieux au fond des reproches qu'il me prodiguait, puisqu'il donnait sa confiance à celui-là même dont il faisait en quelque sorte le complice de mes méfaits.

« Mon fils, M. Yanest Duquesnay, n'a pas été plus épargné que moi. Sans qu'on puisse imaginer pourquoi, et malgré ses protestations, il a été remplacé dans son emploi d'agent-voyer par un conducteur des ponts et chaussées qui cumule ainsi deux fonctions, avec l'assentiment du rigide M. de Saint-Phalle.

« Ainsi sont traités tous les hommes plus ou moins marquants de la classe de couleur. Nous sommes calomniés, révoqués sans motifs, sans raisons, sacrifiés à la haine d'une coterie qui exerce une influence pernicieuse dans la colonie. Vous ne vous étonnerez pas que nous commencions à être découragés. Nous n'avons plus qu'une ressource : abandonner notre pays pour aller nous fixer à l'étranger, où nous ne serons pas du moins traqués comme des gens dangereux. Notre situation est réellement déplorable, il est plus que temps que la métropole ouvre les yeux sur ce qui se passe à la Martinique.

« Mes concitoyens m'ont vengé des avanies de l'administration; aux dernières élections pour le Conseil général, j'ai eu 710 voix sur 944 votants. Je suis heureux de cette nouvelle marque de confiance qu'ils ont bien voulu m'accorder. Depuis 1846, ils ont pu me connaître, soit comme conseiller municipal, soit comme maire. Depuis cette époque, j'ai toujours servi mon pays gratuitement. Il en est de même de mon frère Valcourt, qui a été successivement conseiller municipal, maire et conseiller général. J'ajoute avec orgueil, que lors de la fatale guerre de 1870, un de mes fils, qui faisait ses études médicales en France, s'est engagé dans l'armée du général Bourbaki, et que mon autre fils, Yanest, celui que l'on vient de destituer, était pendant le siége de Paris chargé dans le sixième arrondissement de l'inspection du service de la salubrité publique. J'ose le dire, aujourd'hui que je suis si indignement traité, c'est par une telle conduite et en exerçant de la sorte sur les miens mon autorité de chef de famille, que j'ai acquis une certaine popularité dont l'administration de la Martinique semble, en me révoquant, vouloir me punir.

« JULES DUQUESNAY. »

Cette lettre n'a pas besoin de commentaires; elle est d'un homme que trente années consécutives d'exercice des fonctions municipales doivent faire juger digne de foi. Elle peint un état de choses qui fixera, nous l'espérons, l'attention sérieuse de M. le ministre de la marine et de la direction des colonies. Les sentiments d'amertume qui y débordent, nous les avons trouvés dans d'autres correspondances, aussi bien de la Guadeloupe que de la Martinique, nous avons regardé comme un devoir de nous en rendre souvent l'écho. Ce devoir, nous continuerons à le remplir, et nous avons la ferme espérance d'être écouté, car de telles plaintes attestent un mal social auquel le bien public commande de porter remède.

Voici maintenant la lettre que M. Saint-Phalle a écrite à un homme d'une réputation intacte, avant de lui demander la moindre explication :

Martinique. — Direction de l'Intérieur.

« Fort-de-France, le 2 mars 1874.

« Monsieur le maire,

« J'ai le regret d'avoir à vous signaler que la vérification de la caisse et de la comptabilité de votre commune (qui vient d'être faite par mon délégué) a constaté l'existence de graves irrégularités qui engagent sérieusement votre responsabilité, et que l'administration ne saurait tolérer sans s'en rendre complice.

« Je vais successivement les énumérer :

« 1° Il a été trouvé dans la caisse du secrétaire municipal des sommes qui n'appartiennent pas à la commune, sans indication de provenance et sans que des explications suffisantes aient pu être fournies au vérificateur. Cet état de choses est essentiellement contraire aux règles élémentaires de la comptabilité, je vous prie de donner des ordres pour le faire cesser immédiatement et de vous assurer que ces ordres sont exécutés scrupuleusement.

« 2° Aux termes du budget, le personnel de la mairie ne comprend qu'un secrétaire, auquel il est alloué un traitement de 3,200 francs. En fait et en réalité, votre secrétariat se compose de trois employés :

« M. Baude, secrétaire en titre, recevant . . .	1,700 fr.
« M. Émilien Duquesnay, ancien conseiller général, votre neveu, recevant.	1,200
« M. Justin Lubin, âgé de 16 ans	300
« Total. . . .	3,200 fr.

« Le mandat est émis au nom de M. Baude pour la totalité, et le partage se fait ensuite de la manière indiquée ci-dessus.

« Il y a là plus qu'une irrégularité, puisque c'est une altération évidente et volontaire des indications du budget ; je suis surpris qu'un ancien conseiller général qui connaît les règlements financiers et s'est toujours montré si difficile pour la justification de l'emploi des fonds de la colonie, ait cru devoir prêter la main à cette combinaison en recevant personnellement et sans mandat un traitement communal régulièrement attribué à un autre. La comptabilité municipale, sur laquelle j'exerce une surveillance directe, doit être nette et exempte de toute équivoque, et jamais je ne consentirai à ce qu'on se serve ainsi de prête-noms pour dissimuler ou déguiser la vérité. Si M. Émilien Duquesnay veut être employé de la mairie et salarié de la commune, libre à lui; mais que ce soit en vertu d'un titre régulier et conforme aux prévisions du budget. Il en est de même pour M. Justin Lubin.

« Je ne saurais couvrir de ma responsabilité un semblable abus qui constitue une véritable comptabilité occulte. Je vous invite en conséquence à le faire cesser sans retard.

« 3° Un grand laisser-aller et un manque absolu de surveillance de votre part existent dans les dépenses communales. Quelques détails sur ce point le démontrent clairement.

« Le carnet de crédits qui doit servir au secrétaire comptable pour la vérification des opérations du receveur municipal n'est pas tenu régulièrement; on n'y voit que l'inscription des mandats émis, mais les paiements ne sont pas apostillés. Le secrétaire ne peut, dès lors, se rendre compte de la situation des crédits.

« Votre secrétaire, auquel vous laissez la haute main sur les dépenses a été jusqu'à se faire le fournisseur de la municipalité à l'occasion du déjeuner offert à M. le gouverneur en mars 1872. Les mandats (616 francs) primitivement émis au nom de M. Baude, ont ensuite été portés au nom de M. Sarotte, fermier des spiritueux.

« Les sommes mises à la disposition de ce comptable pour menues dépenses servent en grande partie (60 % au moins) à l'achat de boissons, rhum, vermouth, etc.

« Il m'est pénible d'avoir à relever de pareils faits, qui dénotent une négligence regrettable dans la tenue de vos écritures et de votre personnel de mairie.

« 4° Il a été trouvé dans la caisse communale deux feuilles de papier timbré de 0 fr. 70, portant en blanc la signature de M. l'adjoint Chieusse. Pour justifier une semblable irrégularité, votre secrétaire de mairie a répondu que le maire étant absent et l'adjoint devant s'absenter, il avait fait signer en blanc ces papiers pour servir à l'établissement de deux certificats comptables qu'il aurait à faire pour deux entrepreneurs à la fin du trimestre. Quelle que soit la confiance que vous inspire votre secrétaire, de pareilles complaisances sont essentiellement blâmables; elles sont de nature à compromettre les intérêts que vous aviez mission de sauvegarder; elles engagent gravement votre responsabilité et celle du fonctionnaire qui livre ainsi sa signature.

« 5° Les visas des extraits de recensement prescrits par l'arrêté du 10 septembre 1855 semblent n'être plus exigés dans votre commune; c'est ainsi que la somme perçue à ce titre en 1873 n'est que de 598 francs, alors qu'elle était de 1,640 francs en 1871. Outre que vous privez ainsi volontairement votre commune d'un revenu, et que vous empêchez la police de venir en aide à la justice pour découvrir souvent un criminel, il y a là de votre part, monsieur le maire, dans un but de popularité, sans doute, une tendance fâcheuse que je ne puis m'empêcher de signaler et contre laquelle mon devoir est de réagir.

« 6° Aux termes des règlements en vigueur, le recensement qui sert de passeport à l'intérieur doit être visé par le maire ou un adjoint. Dans votre commune, les prescriptions sont lettre morte, et il a été constaté que les visas portent la signature de M. Émilien Duquesnay ou de M. Lubin, enfant de seize ans, qui n'ont ni l'un ni l'autre qualité pour cela, de telle sorte que le peu d'extraits de recensements qui sont visés dans votre commune n'ont même pas de caractère légal. Il y a là, monsieur le maire, un tel mépris de la loi, que je serais presque autorisé à penser qu'il est intentionnel et systématique.

« Tous ces faits sont graves et me démontrent jusqu'à l'évidence qu'investi par la confiance de l'administration de fonctions qui vous donnent pour mission de faire respecter et d'appliquer les lois et règlements, vous avez, par négligence ou sciemment, failli à ce devoir. Je ne dois pas vous laisser ignorer, en terminant, qu'ils m'ont paru suffisants pour les porter à la connaissance de M. le gouverneur, et que j'attends ses ordres.

« Agréez, monsieur le maire, l'assurance de ma considération très-distinguée.

« *Le directeur de l'intérieur*,
« Comte DE SAINT-PHALLE. »

Cette lettre fait peu d'honneur à M. Saint-Phalle. Embrassant des passions dont le premier devoir de l'autorité est de savoir se défendre, il y traite M. Duquesnay comme un coupable avant toute explication. Que de malveillance préconçue dans cet amas d'incriminations, que de rudesse dans leur forme, que de soin de les rendre aussi blessantes que possible ! Tout lecteur jugera que ce n'est pas sans raison qu'elles aient soulevé l'indignation du galant homme qui en était l'objet et qu'il y ait répondu de façon à en faire repentir son offenseur.

Voici la réponse, elle est péremptoire :

« Monsieur le Directeur,

« J'ai été péniblement surpris en lisant la lettre que vous avez cru devoir m'adresser concernant la dernière vérification de la comptabilité de ma commune. J'étais loin de penser que l'on aurait pu attribuer aux actes de mon administration un caractère et des tendances qu'ils n'ont jamais eus. Mais en laissant de côté toute prévention, l'on reste convaincu qu'il y a une exagération telle dans l'appréciation des faits articulés contre moi que la vérité disparaît complétement.

« Vous me permettrez de la rétablir en suivant l'ordre des divers reproches formulés dans votre lettre.

« 1° Des explications suffisantes ont été fournies au vérificateur sur la provenance et la destination des sommes trouvées en plus dans les caisses ; celle de 186 fr. 25 c. était contenue dans une enveloppe qui portait une suscription dont votre délégué a pris lecture et copie ; M. Baude a en outre déclaré que les autres 37 francs lui appartenaient personnellement. Je ne crois pas que l'on puisse voir dans ce fait une grave irrégularité, surtout lorsque mon secrétaire a toujours mis une exactitude remarquable à effectuer entre les mains du receveur municipal les versements des recettes de chaque décade.

« 2° De tout temps il a été voté chaque année une somme de 3,200 francs avec cette inscription au budget : Personnel de la mairie. Il n'a jamais été établi de division pour ce chiffre qui a toujours été attribué au secrétaire, lequel prend à ses frais et à son compte personnel les aides qui lui sont nécessaires ; ces aides n'ont jamais reçu de commission, et ne sont que les employés personnels du secrétaire chargé d'assurer le service. C'est ainsi que cela s'est toujours pratiqué sous l'administration de M. Minvielle et sous celle de M. du Prey de la Ruffinière, pour ne vous citer que deux de mes honorables prédécesseurs; leurs secrétaires, M. Feillet, (1853 à juin 1865), et M. Crosnier de Briant (juillet 1865 à septembre 1868), touchaient la totalité de leurs allocations et payaient ensuite les commis qu'ils employaient. Cela résulte des registres d'enregistrement de mandats que chacun peut vérifier. Ce système est, du reste, suivi dans la plupart des autres mairies.

« C'est dans ces mêmes conditions que nos budgets ont été établis et homologués par l'administration, sans aucune mention ou distinction de la somme allouée au secrétaire et de celle attribuée aux commis. M. Baude a donc suivi ces précédents qui n'avaient jamais soulevé aucune observation de la part de MM. les vérificateurs; sans doute son crime a été de se servir du concours de M. Émilien Duquesnay, mon neveu et ancien conseiller général. Mais vous savez mieux que moi qu'il n'y a aucune incompatibilité entre les fonctions du conseiller général et celle de commis de mairie; cette incompatibilité ne résulte pas non plus de la parenté qui existe entre M. Émilien Duquesnay et moi (1). Je m'étonne alors que vous ayez pu voir dans l'emploi de M. Duquesnay, à la mairie, une altération des indications du budget, comme vous vous êtes plu à le dire, le budget étant muet sur ce point. Les faits sont simples, exempts de toute équivoque, ils se sont accomplis au grand jour; aussi cette expression de « comptabilité occulte » a dû vous échapper certainement.

« 3° Sur le troisième grief, mon secrétaire a déjà fourni des explications que l'inspecteur semble ne pas avoir transmises, et qui constituent sa justification.

« Nommé secrétaire en février 1871, il n'a fait que suivre les errements de ses prédécesseurs en ce qui concerne la tenue du

---

(1) Ici nous ne sommes pas d'accord avec l'honorable M. Duquesnay. Nous ne trouvons pas tout à fait régulier que son neveu, membre du conseil général, se fasse le commis du secrétaire de sa mairie, fonctions que ses devoirs de conseiller général ne lui permettent guère d'ailleurs de remplir toujours avec exactitude. Hors de là, M. Duquesnay montre très-bien que la sévérité extrême avec laquelle M. le directeur de l'intérieur juge cette affaire est toute de parti pris.

carnet de crédits ; tous les mandats délivrés y ont été régulièrement inscrits avec leurs numéros et la date de leur émission ; c'est ainsi que cette comptabilité s'est toujours tenue à la mairie ; en effet, il a été placé sous les yeux du vérificateur des carnets qui remontent jusqu'à 1846, et qui ne contiennent que ces seules mentions. Cependant dans ce long intervalle plusieurs vérifications ont eu lieu, entre autres une dans le courant de 1870, et ni votre représentant ni M. le délégué du contrôle n'ont fait d'observations au sujet des mentions des paiements effectués par le Trésor.

« Cette manière de procéder a été continuée sans que jusqu'ici aucune difficulté se soit présentée pour le contrôle des comptes de gestion de M. le receveur municipal, dont les chiffres, relatifs aux dépenses exagérées, se sont toujours trouvés en concordance parfaite avec ceux des mandats émis. Quant à la situation des crédits, on peut toujours la connaître exactement pas l'inscription des mandats délivrés, puisque en marge de chaque mandat, il est fait mention : 1° des sommes payées antérieurement sur l'article ; 2° de celle à payer par le mandat présenté, et le total donne au percepteur, comme au secrétaire, la situation réelle du crédit.

« Je repousse avec énergie l'imputation de laisser à mon secrétaire « la haute-main sur les dépenses. » J'ai toujours défendu les intérêts de la commune avec plus de souci que les miens propres, je contrôle la plus légère dépense, et pas un centime n'est payé sans mon autorisation. J'en appelle à tous ceux qui m'ont vu à l'œuvre et qui me connaissent mieux que vous.

« C'est bien à tort que l'on a prétendu que M. Baude s'était fait le fournisseur de la mairie à l'occasion du déjeuner offert, en 1872, à M. le gouverneur. Les deux mandats délivrés dans cette circonstance ont été réellement émis au nom de M. Sarotte, fournisseur ordinaire de la mairie. Ce n'est que sur le registre d'enregistrement des mandats que votre délégué a vu figurer le nom de mon secrétaire qui y avait été inscrit par erreur, puisqu'il n'a jamais fourni quoi que ce soit à la mairie.

« Je ne pense pas que l'on trouve exagéré le montant de cette dépense, eu égard au nombre des conseillers municipaux et des fonctionnaires civils et militaires qui ont pris part au banquet officiel demandé par M. le directeur de l'intérieur.

6

« Sans le désir exprimé formellement par M. le gouverneur d'être reçu officiellement à la mairie, j'aurais épargné cette dépense à la commune, comme je l'avais fait lors du passage de MM. Vaillant, Berthier et de Loisne. Je regrette vivement que l'amiral qui m'a fait l'honneur de loger chez moi avec Mme et Mlle Cloué, n'ait pu accepter que mon dîner de famille.

« Le reproche relatif aux menues dépenses n'est pas plus fondé. Je vous rappellerai que le conseil qui se compose de vingt-trois membres est fréquemment convoqué, ainsi que la commission hospitalière et le bureau de bienfaisance; nous avons également de nombreuses commissions qui se réunissent à la mairie : inspection des écoles, révision des rôles, élections, commissions sanitaires. La plupart des membres de ces commissions et du conseil municipal habitent la campagne; il n'y a dans le bourg ni hôtel, ni café; quand ils passent à la mairie une grande partie de leur journée, les simples convenances demandent qu'on leur offre des rafraîchissements. Ces dépenses sont faites avec la plus stricte économie. Ainsi depuis le mois de juillet 1873 jusqu'au mois de février dernier, époque de la vérification, sur les sommes mises à la disposition du secrétaire, il n'a été dépensé que 101 fr. 75 c. pour boissons et autres dépenses de la mairie. Ce résultat est constaté par le bordereau justificatif qui a été exhibé au vérificateur, et cependant, dans cette période, nous avons eu les réunions suivantes :

« Les 6 et 7 juillet, élections au Conseil général; 13 juillet, réunion du conseil municipal; 19 juillet, commission d'expertise, incendie Fleury; 14 août, commission sanitaire; 16 septembre, réunion du conseil municipal; 11 octobre, commission d'expertise, incendie Alséris Bambau; 7 novembre, commission de l'inspection des écoles; 2 décembre, commission hospitalière et bureau de bienfaisance.

« Enfin, dans le courant du mois de janvier, ces deux dernières commissions ainsi que le conseil municipal se sont encore réunis pour le vote des budgets.

« En raisonnant d'après la proportion indiquée par vous, les 60 p. 100 des menues dépenses ont été affectés à l'achat des boissons; ces dépenses s'élevant en totalité à 101 fr. 75 c. pour une période de sept mois, il en résulte que l'on n'a consacré que 61 fr. 05 c. pour les rafraîchissements, soit 8 fr. 72 c. par mois.

« Sans vouloir incriminer mes autres collègues qui sont aussi soucieux que moi des intérêts de leurs communes, je serais désireux de voir établir la comparaison entre les dépenses faites pour leurs mairies et celles de la municipalité du Marin.

« Quant à la nature de ces dépenses, elle se justifie par les termes mêmes du rapport qui précède l'arrêté du 19 juillet 1862 et dans lequel l'administration s'explique ainsi : « Les muni-« cipalités se trouvent embarrassées quand il s'agit de pour-« voir à des achats de peu de valeur dont le paiement immédiat « est réclamé au moment même de la livraison des objets, et « dont quelquefois l'urgence ne permet pas d'attendre l'ac-« complissement des formalités réglementaires pour satisfaire « le fournisseur. » Et plus loin : « Les secrétaires de mairie « acquitteraient directement les droits de timbre et autres « menues dépenses urgentes au moyen des avances mises à « leur disposition, etc. »

« Chacun comprendra que lorsqu'un conseiller vient de la campagne pour les besoins du service, le secrétaire de mairie, conformément à l'esprit de l'arrêté et du rapport ci-dessus précités, est autorisé à acheter d'urgence ce qui est nécessaire pour le rafraîchir. Le tort de M. Baude consiste peut-être dans la minimité de ses acquisitions ; en achetant à la fois de grandes quantités de boissons, pour lesquelles de forts mandats eussent été émis, l'attention de l'administration n'eût pas été attirée par les petits détails qui figurent sur le bordereau indicatif et qui, au contraire, sont de nature à prouver avec quelle minutie il est procédé à ces dépenses.

« 4° La signature de M. Chiousse, mon adjoint, apposée sur les deux papiers timbrés qui étaient destinés à l'établissement de deux certificats comptables, était précédée de cette mention : « Vu pour le maire, l'adjoint. » Cette signature ainsi délivrée pendant mon absence et au moment du départ de M. Chiousse pour Saint-Pierre, ne pouvait produire aucun effet sans l'attestation écrite des deux conseillers municipaux qui devaient statuer sur la bonne exécution des travaux à examiner. Les feuilles de papier timbré n'ayant pas été employées par suite de mon retour avant la réception des travaux, M. Baude a cru pouvoir les déposer dans son coffre, jusqu'au moment de leur remise à M. Chiousse, qui les avait signées dans le seul but de ne pas entraver le service. Je ne vois rien dans cela qui puisse engager si gravement ma responsabilité et celle de mon adjoint dont le dévouement et l'intégrité sont trop connus pour laisser supposer un seul instant qu'il ait eu des complaisances pour qui que ce soit. Lui aussi il reçoit aujourd'hui la récompense de ses longs services.

« 5° Des explications ont été également fournies à votre employé sur la cause de la différence constatée entre le chiffre perçu en 1871 pour les visas des extraits de recensements et celui touché au même titre en 1873; en vous les transmettant, il m'aurait épargné les accusations que vous me prodiguez dans votre lettre, et qui sont tellement imméritées que je serais presque autorisé à penser qu'elles n'émanent pas de vous.

« Jusqu'en 1872, les mairies percevaient à la fois le montant de tous les visas arriérés, de sorte que le contribuable payait avec le visa de l'année courante quatre et cinq autres visas dus pour les exercices écoulés; de là une recette considérable sur cet article. Mais l'administration qui jusqu'alors avait sanctionné ce mode de perception décida, à la suite d'un procès soulevé par M. Desgrottes, que le défaut de visa exigé par l'arrêté de 1855 constituant une simple contravention, et les contraventions se prescrivant au bout d'une année, le contribuable n'est nullement astreint au payement des visas périmés et n'est tenu qu'au règlement de celui de l'année courante. Ainsi le chiffre perçu en 1872 ne présente pas seulement le nombre des visas obtenus pour le compte de cet exercice, mais aussi l'arriéré des quatre ou cinq années précédentes qui a été perçu à tort. Il est donc facile de comprendre qu'au moyen de ce mode de perception, on soit arrivé à réaliser une somme plus importante qu'en suivant le système adopté depuis 1872, conformément aux prescriptions formelles de la circulaire de M. Trillard, en date du 3 octobre 1872, n° 2,405.

« Je vous envoie une quittance de la mairie constatant que, le 19 septembre 1871, j'ai payé moi-même les visas de 1869, 1870 et 1871; Mme Duquesnay a également payé, à la même époque, les visas de 1870 et 1871; enfin mon frère, Valcourt Duquesnay, recensé sous le n° 161, a payé le 8 octobre 1871, la somme de 6 francs pour visas de 1866, 1867, 1868, 1869, 1870 et 1871. Les registres matricules et le registre à souches des recettes en font foi. Je vous fais parvenir une autre quittance qui constate que mon fils, nouvellement arrivé de France, a été recensé par mes soins le 21 mars 1873; cette seule quittance suffit pour répondre victorieusement à cette allégation plus que regrettable, que dans ma commune les prescriptions sont lettre-morte, lorsque ma famille et moi nous sommes les premiers à donner l'exemple de la soumission aux règlements en vigueur. Je vous serais reconnaissant de me dire combien il y a de maires qui auraient agi ainsi envers leurs propres fils?

« Quant aux recensements visés par les employés de la mairie, cela s'explique par la difficulté d'obtenir immédiatement la signature d'un conseiller, en l'absence du maire, alors que la partie intéressée n'a qu'un délai de vingt-quatre heures pour exhiber ses papiers à la police ou à la gendarmerie afin d'éviter une contravention. Bien souvent aussi on a voulu éviter la perte d'une journée à un cultivateur en lui épargnant la peine de revenir le lendemain pour chercher son recensement. Je me demande comment l'on a pu voir dans un sentiment louable un mépris intentionnel et systématique de la loi.

« Nul plus que moi ne respecte la loi et n'est plus disposé à la faire respecter et au besoin à la défendre; seulement je veux qu'elle soit la même pour tous, et jamais je ne consentirai à être l'instrument complaisant de qui que ce soit et à ne faire l'application d'un arrêté que sur une partie de la population. Il y a plus d'un an j'ai remis au commissaire de police une liste contenant les noms de tous ceux qui habitaient la commune depuis longtemps, sans payer aucune imposition. (Je comptais parmi eux des amis intimes.) Sur sa prière, et afin, disait-il, d'être plus libre dans les poursuites, il a demandé d'être inscrit en tête de cette liste. Eh bien! jusqu'aujourd'hui ces personnes n'ont pas fait leur changement de domicile, elles ne payent aucune contribution; ce sont elles qui privent ainsi la commune d'un revenu. On peut dire de cette liste qu'elle est restée lettre-morte, et le commissaire de police a été obligé de reconnaître la vérité de ce que j'avance en présence de votre délégué, dont il avait essayé de tromper la religion en lui donnant des renseignements tout à fait inexacts sur la remise de cette liste.

« Je n'ai pas, comme tant d'autres, deux poids et deux mesures, j'ai toujours été, je veux rester encore juste et impartial, je ne serai jamais l'homme de la situation ; l'administration ne peut se tromper ni sur mon caractère, ni sur mes sentiments personnels qui ont été appréciés par d'autres hommes d'une impartialité reconnue. N'allez pas croire que je sois une créature nouvelle du suffrage universel, qui compte tant d'ennemis parmi ceux-là mêmes qui devraient le défendre. Sans doute, je suis fier et heureux de l'honneur que m'ont fait mes concitoyens de m'accorder leurs suffrages, mais laissez-moi vous dire, ce que vous ignorez sans doute, qu'en 1851 j'exerçais déjà les fonctions de maire, et au milieu des difficultés de toutes sortes j'ai su m'attirer non-seulement les sympathies de mes administrés, mais encore la confiance de l'autorité supérieure. Et cependant je n'ai jamais commis un acte de faiblesse, les menaces et les dangers m'ont toujours trouvé impassible ; et un arrêt de la Cour d'assises de la Martinique vous dira qu'en 1858, Jules Duquesnay a été gravement blessé en s'opposant énergiquement aux tentatives criminelles d'un de ses concitoyens égaré, qui a été châtié sévèrement par la justice. C'est l'homme qui a ainsi exposé sa vie pour la défense de l'ordre qu'on accuse aujourd'hui d'avoir manqué à ses devoirs, dans un but de popularité. La trace de la blessure que je porte encore répond pour moi. Mais le peuple est meilleur juge que vous semblez le dire ; il sait très-bien reconnaître ceux qui lui sont sincèrement dévoués ; et la preuve la plus évidente, c'est que quelque temps plus tard j'étais élu membre du conseil municipal par cette même population que l'on avait essayé de soulever, et j'étais acclamé maire par mes autres collègues. Pour rester fidèle à mes convictions libérales, je me suis vu dans l'obligation de donner ma démission en 1852 ; mais, depuis, l'administration, moins oublieuse qu'aujourd'hui, n'a cessé de me donner des preuves non équivoques des bons souvenirs qu'elle avait conservés de mes services ; l'amitié dont m'honoraient MM. Vaillant et Bontemps l'atteste hautement.

« Cédant aux instances de M. Brière de Lisle, dont les sentiments ne peuvent pas être soupçonnés, j'ai accepté de nouveau, en 1868, les fonctions de maire que j'ai occupées jusqu'en 1871, époque à laquelle l'administration m'a maintenu à la tête de mes collègues, élus comme moi du suffrage universel. Pendant cette nouvelle période j'ai toujours bien mérité de mon pays ; je vous étonnerais peut-être en vous faisant lire les lettres que m'adressaient MM. Berthier, de Loisne et Couturier; elles prouvent que ces administrateurs m'avaient accordé toute leur confiance. Je vous étonnerais encore davantage si je vous mettais sous les yeux les lettres que m'écrivaient, en 1868, MM. Couturier et Brière de l'Isle, pour m'offrir, au nom de M. Berthier, un fauteuil au Conseil général. Je n'ai pas cru devoir accepter cet honneur.

« D'autres vous diront les services que j'ai rendus dans les moments critiques que nous avons traversés en 1870. Vous apprendrez que mon patriotisme n'a été un mystère pour personne, et que mon dévouement s'est élevé à la hauteur de toutes les épreuves.

« Je suis et resterai, malgré vos injustes appréciations, l'homme du devoir; mais, je vous le répète, je ne serai jamais l'homme de la situation. Je ne renierai pas mon passé et mes principes dont je m'enorgueillis, et si je n'ai pas su capter votre confiance, je m'en console par le souvenir de toutes les marques d'estime et de sympathie qui m'ont été données par vos prédécesseurs. Mais la dignité me commande de me démettre de mes fonctions de maire pour me séparer d'une administration qui, pour des puérilités, n'a pas craint d'essayer de faire peser les soupçons les plus offensants sur un magistrat qui n'a eu, toute sa vie, qu'un seul mobile : le bien de ses concitoyens.

« Je termine en vous disant que je n'accepte ni le fond, ni la forme de votre lettre; je ne cherche pas à relever toutes les expressions dures et blessantes qui y sont contenues et que j'ai été étonné de surprendre sous la plume de M. le comte de Saint-Phalle, ma dignité n'est pas atteinte par un pareil oubli de toutes les convenances; je ne puis le déplorer que pour vous-même.

« *Signé :* Jules DUQUESNAY. »

Le lecteur a maintenant sous les yeux ce que nous pouvons appeler les mauvaises chicanes de M. Saint-Phalle et la défense de M. Duquesnay. A lui de juger de quel côté sont la vérité, le langage poli et la dignité.

Nous n'avons pas craint de donner à ces pièces toute leur étendue. Elles serviront un jour à l'histoire, qui sera sévère en voyant à quoi sont encore exposés des hommes qui ne demandent que la partie égale pour tout le monde.

§ 8

Suite du paragraphe précédent

A Guadeloupe, le mal contre lequel nous nous élevons a pris un caractère plus accentué encore qu'à la Martinique. L'élection de M. Casse, candidat radical, a été pour le gouverneur, M. Couturier, l'occasion de faire une sorte d'hécatombe de fonctionnaires de la classe de M. Duquesnay. Quatre d'entre eux, appartenant aux cantons de la Pointe-Noire et de Bouillante, ont été, sur la dénonciation de M. Dierle, maire de la Pointe-Noire, suspendus ou révoqués de leurs fonctions, dans des circonstances d'une iniquité révoltante.

Les deux premiers, MM. Laporte et Noël, se sont vus privés de leur emploi pendant deux mois pour avoir, dit la *Gazette officielle* de l'île, *assisté à des harangues adressées à la foule des électeurs sur la voie publique !*

Le troisième, M. Gruss, commissaire de police, a été destitué sans la moindre forme de procès, *sans être entendu*, avec toute la brutalité de l'arbitraire, sous prétexte d'être resté inactif au milieu de la lutte électorale !

Le quatrième, M. Justin Marie, greffier de la justice de paix de la Pointe-Noire, était accusé par le maire d'avoir agité la population, en tenant aux électeurs noirs un langage dangereux. Pour celui-là, l'administration crut devoir ordonner une enquête dont elle chargea M. Recunig, substitut du procureur de la République, et M. Deville, secrétaire général de la direction de l'intérieur. Mais ces Messieurs procédèrent d'une façon où l'on ne voit pas dominer beaucoup l'esprit de justice. Pendant deux jours, le 8 et 9 octobre, ils n'écoutèrent que M. Dierle, le maire accusateur, et les témoins qu'il lui plut d'appeler, entre autres M. Butel, le principal instigateur de la machination qui avait pour but de perdre M. Justin Marie, et un curé, M. Bailly, qui s'était pieusement livré en chaire à une ardente propagande pour le candidat bonapartiste. Le troisième jour, ils entendirent M. Justin Marie qui se défendit énergiquement des accusations dirigées contre lui et pria les deux commissaires enquêteurs d'entendre des membres du conseil municipal et des habitants honorables de la commune prêts à témoigner de l'innocence de sa conduite. Ces Messieurs lui répondirent que « devant retourner le même jour au chef-lieu, *ils n'avaient pas le temps* de » faire la contre-enquête ; qu'ils allaient adresser leur rapport » au procureur général, et que si ce magistrat jugeait à propos » de l'appeler, il pourrait produire ses témoins ! » Là-dessus, ils firent un rapport qui déclare constants les faits articulés contre le pauvre greffier de la justice de paix ! Ainsi se font les enquêtes sous le gouvernement de M. Couturier !

Dix jours après, M. Justin Marie est cité à comparaître devant le gouverneur siégeant en conseil privé; le gouverneur lui fait subir un long interrogatoire sur plusieurs charges dont il ne lui avait pas été donné connaissance. Il persiste à demander contradictoirement l'audition de ses témoins; le conseil privé refuse, et M. Justin Marie est frappé d'une suspension de quatre mois pour « s'être livré, dit la *Gazette officielle* de la Guadeloupe, « *à des menées coupables qui ont eu pour résultats de semer l'agi-* « *tation, de faire naître des divisions passionnées et de susciter la* « *défiance contre les autorités de la commune !* » Justice coloniale.

Le condamné du conseil privé repousse formellement les imputations calomnieuses qu'on ne lui a pas permis de confondre, mais, en homme d'honneur, il accepte la responsabilité de ses actes, il ne nie pas s'être occupé activement de l'élection, avoir manifesté ses sympathies pour le candidat radical, avoir donné son avis aux électeurs qui venaient le consulter chez lui. Il a cru que c'était son droit de citoyen et son devoir d'électeur éclairé. Nous ne sommes pas éloigné de penser qu'il s'est trompé, qu'il a trop oublié que sa position de fonctionnaire de l'ordre judiciaire, de greffier faisant assez souvent l'office de juge de paix, lui commandait plus de réserve ; mais personne n'admettra que sa faute, si c'en est une, méritât le rigoureux châtiment qui lui a été infligé. Pourquoi, d'ailleurs, si on le traite en coupable pour avoir soutenu un candidat républicain, sous la République, épargne-t-on M. L. Buttel, percepteur de l'enregistrement, et M. Bailly, curé, qui ont publiquement, à la connaissance de tous, fait pour le candidat bonapartiste tout autant qu'il a fait pour le candidat républicain ? Nous n'en trouvons, nous, qu'une seule raison, c'est qu'il est de la classe disgraciée et que MM. Buttel et Bailly sont de la classe favorisée.

Une circonstance particulière est venue jeter un jour plus défavorable encore sur les rigueurs de M. Couturier; M. Dierle, l'accusateur auquel il a donné toute sa confiance, M. Dierle, que ses antécédents très-honorables avaient fait entrer au conseil municipal et que l'influence de M. Buttel avait fait nommer maire, a été arrêté sous la prévention d'avoir détourné, à son profit, des fonds de la commune, et il n'a pu se défendre complétement.

Condamné d'abord à trois mois de prison, il n'est parvenu en appel qu'à faire diminuer la peine. L'administration centrale, instruite de la chose, a jugé qu'elle enlevait beaucoup d'autorité aux dénonciations de M. Dierle. Déjà, grâce à l'équitable intervention de la direction des colonies, M. Gruss, le commissaire de police, violemment destitué, a obtenu un petit emploi et les amis de M. Justin Marie ont lieu d'espérer que justice lui sera rendue.

Mais nous n'avons pas dit encore tout ce que les haines de M. Couturier lui ont fait souffrir. Il attendait avec résignation la décision du ministère, lorsque, tout-à-coup, le 26 décembre, il lui fut enjoint, par le procureur de la République, « d'ordre » du gouverneur, d'avoir à quitter la Pointe-Noire, lieu de son » domicile, dans le plus bref délai, avec défense expresse de » revenir dans le canton pendant la durée de sa suspension. » Qu'avait-il donc fait ? Pourquoi cet ordre que l'on se dispensait de motiver ? Pourquoi, s'il y avait lieu, ne l'avoir pas chassé de sa commune le 21 octobre, en même temps qu'on le suspendait de ses fonctions ?

Il est impossible d'en découvrir d'autre explication que celles-ci : Par suite du mouvement triennal, une élection pour le Conseil général était à faire à la Pointe-Noire; M. Aubin, magistrat, favori de M. Couturier, conseiller sortant, se présentait de nouveau. On craignit que l'influence de M. Justin Marie ne fût fatale à sa candidature et, pour y obvier, on expulsa de chez lui l'électeur redouté !

Quelle cruauté envers un homme déjà privé de ses moyens d'existence par une suspension de quatre mois et père de famille : l'obliger à transporter ses pénates d'un arrondissement dans un autre, à faire toutes les dépenses d'un changement de domicile!

M. Couturier revient en pleine paix à l'internement, à cette mesure odieuse dont les décembriseurs, au plus fort des dangers de leur criminelle entreprise, usèrent envers les républicains qu'ils n'exilaient pas ou n'envoyaient pas à Cayenne et à Lambessa!

Le Code pénal réserve l'internement d'une manière exclusive pour les repris de justice. Le but que poursuivait M. Couturier en mettant un de ses administrés au régime des forçats libérés n'est que trop manifeste. En effet, si M. Justin Marie est un homme dangereux à la Pointe-Noire, autrement que par l'opposition qu'il pouvait y faire à la candidature de M. Aubin, il ne devait pas être moins dangereux dans quelqu'autre canton de l'île qu'il allât s'établir.

Il n'y avait pas de raison pour que, toujours à l'imitation des scélérats du 2 Décembre, M. Couturier ne se fût donné le plaisir d'exiler M. Justin Marie, n'était l'ordre ministériel qui, sous le juste amiral Pothuau, interdit aux gouverneurs de déporter qui que ce soit sans en référer au département. Jamais on n'a mieux senti l'urgence de réformer les pouvoirs exorbitants des gouverneurs qui sont de véritables pachas, bien plus puissants aux colonies que le chef de l'État en France!

Une autre victime du pacha de la Guadeloupe est M. Lative, maire de Bouillante. M. Lative était maire de cette commune *depuis vingt ans.* Il a toujours rempli ses fonctions avec sagesse, avec équité ; l'*Écho de la Guadeloupe* lui-même, l'organe passionné des réactionnaires, est obligé d'en convenir. Cet homme des plus respectables, très-modéré, honoré de tous, a été suspendu de sa charge, sans avoir été admis à se défendre, *pour avoir fait preuve de faiblesse*, dit l'arrêté, *en blâmant, devant la foule ameutée, le brigadier de gendarmerie d'avoir tiré son sabre pour repousser des agressions violentes et pour avoir, dans la matinée du lendemain, fait relaxer un prévenu régulièrement arrêté par la gendarmerie.*

Voici les faits, ils nous sont garantis par M. Rollin, ancien député, dont personne ne peut mettre en doute la véracité.

Dans la soirée du 7 septembre, après le dépouillement du scrutin qui donnait la majorité à M. Germain Casse, quelques ouvriers et cultivateurs voulant célébrer ce succès, allèrent demander au maire, M. Lative, l'autorisation de danser un bamboulu, selon la coutume du pays. Le maire donna son autorisation.

Au milieu de la danse, un brigadier de gendarmerie se présente; et, sans aucune provocation de cette foule désarmée, toute joyeuse, il crève le tambour d'un coup de pied. Pour qui connaît les mœurs du pays, c'était une grosse insulte. Les clameurs s'élèvent. Un gendarme qui survient est maltraité, le brigadier tire son sabre, blesse deux hommes et parvient à en arrêter un troisième, ce qui met fin au conflit. Le lendemain, la population est fort agitée. Le maire, dont le devoir est de prévenir tout désordre et de rendre justice à tous, blâme le brigadier qui avait été incontestablement le provocateur et fait, après examen, relâcher le prisonnier qu'il juge indûment détenu.

Le parquet se transporte sur les lieux et ordonne l'arrestation de quatre noirs qui furent *enchaînés*. Un cinquième, désigné par le curé comme pouvant servir de témoin à charge, déclare ignorer les noms de ceux qui ont répondu par des voies de fait à la provocation du gendarme; il est arrêté comme les prévenus et *enchaîné* comme eux. Sur son poignet, il a longtemps porté les traces de la chaîne (1).

Trois des prévenus ont été condamnés l'un à neuf mois, les deux autres à cinq et à trois mois de prison, mais l'arrêt ne semble pas avoir été sanctionné par l'opinion publique; une

---

(1) Une réforme que l'on attend de l'esprit de justice qui anime la direction des colonies est d'obliger ses représentants à renoncer à cet usage, souvenir d'un temps néfaste, d'enchaîner et de menotter les noirs comme des malfaiteurs de la pire espèce lorsqu'ils sont arrêtés pour une cause même de simple police, ainsi qu'on le voit dans cette occurence. Les noirs s'en plaignent d'autant plus vivement qu'eux seuls et même leurs femmes sont soumis à cette humiliation inutile. « Qu'une femme blanche, « nous écrit l'un d'eux, M. Davis David, soit coupable d'avoir fait subir à « ses travailleurs indiens d'atroces tortures, on ne l'enchaîne pas ; je n'y « trouve point à redire, mais ce qui me révolte, c'est que j'ai vu deux « négresses que l'on conduisait à la geôle enchaînées, pourquoi ? parce que « leurs livrets n'étaient pas en règle. »

souscription, immédiatement ouverte dans la commune de Bouillante et les communes voisines, a couvert les frais dus par ces malheureux, tant au trésor qu'à leurs avocats.

Dans la bagarre, avons-nous dit, le brigadier de gendarmerie qui avait dégaîné atteignit deux hommes ; l'un, Camille Perceler, reçut une blessure à la tête, l'autre, Marcel Baril, reçut, au bras, une entaille qui a occasionné une incapacité de travail pendant assez longtemps. Notre honorable ami, M. Rollin, a vu les plaies. Lors de l'instruction sommaire, le procureur de la République a refusé de constater ces blessures. Plus tard, lorsqu'ils ont porté plainte, le juge d'instruction n'en a fait aucun cas : *Allez vous faire guérir*, a été la seule réponse qu'ils aient obtenue. Tout a été assez étrangement terminé par la révocation de M. Lative, le maire républicain.

Dans cette affaire comme dans celle de MM. Justin Marie, Gruss et autres, les amis de la justice ne trouvent pas de quoi les satisfaire. Voilà cinq fonctionnaires, tous d'une certaine classe de citoyens, et tous frappés plus ou moins rigoureusement sans avoir pu même produire leur défense! Nous sommes loin de dire que la parole d'un gendarme ne mérite pas créance, nous la tenons pour absolument aussi respectable que celle de qui que ce soit, mais encore ne faudrait-il pas condamner *à priori* ceux qu'elle accuse. Mettre à la porte du prétoire ceux dont il a fait couler le sang, en leur disant : *allez vous faire guérir*, ne passera jamais non plus pour un procédé capable d'honorer la magistrature. Entre un brigadier de gendarmerie qui, avec l'ardeur de la jeunesse, a tiré le sabre au milieu d'une foule sans arme qu'il a provoquée, et un maire qui s'est fait une réputation non contestée de modération pendant près de vingt années d'exercice des fonctions municipales, est-il équitable de donner tort au maire sans les entendre contradictoirement. En pareil cas, une enquête sérieuse, *publique*, avec confrontation des témoins, n'est-elle pas nécessaire afin de convaincre tout le monde que justice est bien faite. Elle n'est pas seulement nécessaire, e''e est indispensable pour prévenir les soupçons de partialité que font naître les décisions à huis clos du conseil privé, composé en majorité, comme il l'est, d'hommes soumis à des influences de caste et que l'on sait ne vouloir aucun bien à la classe de ceux qu'il exécute sommairement.

En principe, lorsqu'un fonctionnaire se croit injustement puni et demande une enquête, elle devrait être accordée de droit, faite par une commission exclusivement formée de magistrats, et *rendue publique*. Tant qu'on ne prendra pas quelque mesure de ce genre, les petits fonctionnaires n'auront aucune garantie contre les caprices, les antipathies des gouverneurs qui disposent d'eux arbitrairement, souverainement. Les abus dont ils peuvent être victimes sont toujours ratifiés par l'administration centrale qui en croit naturellement son délégué, et qui craint d'ailleurs d'affaiblir le prestige de son autorité en cassant ses arrêts, même quand elle ne les approuve pas.

M. Couturier et le directeur de l'intérieur, M. Eggiman, l'un des chefs les plus ardents de l'oligarchie coloniale, poursuivent leur campagne d'ordre moral. M. Palméry vient de s'en ressentir. Employé du service des contributions, il était à surveiller la contrebande des spiritueux près du bâtiment de l'usine sucrière de la Basse-Terre, lorsqu'il fut emporté par son cheval sur le terrain non clos de l'usine. Des gardiens se précipitent à sa rencontre et il a le grand tort de les accueillir fort mal. Après un moment de réflexion, il comprend sa faute, il va s'excuser près du gérant de l'usine, M. Ledentu. Ce dernier ne veut pas accepter les excuses, il porte plainte au procureur de la République qui ne juge pas à propos de donner suite à une affaire aussi insignifiante. M. Ledentu, dépité, s'adresse alors à M. Eggiman, qui est son oncle et son ami. M. Eggiman en réfère à M. Bichebois, chef par intérim du service des contributions, auprès duquel il charge M. Palméry d'un nouveau crime: celui d'avoir regardé, passant sur une route, M. Ledentu qui le regardait ! Aussitôt, M. Bichebois de frapper son subordonné d'une suspension de solde d'un mois. M. Palméry, fort étonné, va trouver M. Eggiman auquel il demande une enquête, à quoi l'oncle de M. Ledentu lui répond que sa *punition* a été décidée d'accord avec le gouverneur et qu'elle est *irrévocable*. Il adresse alors la demande d'enquête à son chef direct, M. Faudon, qui, peu soucieux de mettre au moins la politesse de son côté, ne prend pas même la peine de lui répondre. En fin de compte, il subit une condamnation sans qu'il lui ait été permis de se défendre.

« C'est la marche ordinaire de nos affaires, ici, » nous écrit-on.

Cette « marche ordinaire des affaires » à la Guadeloupe remplit de découragement et de terreur les fonctionnaires de la classe qui se voit ainsi traitée. Deux d'entre eux, redoutant quelque malchance contre laquelle ils ne pourraient trouver protection nulle part, nous prient de solliciter leur envoi en Cochinchine.

Il n'est pires réactionnaires que les hommes avancés qui se pervertissent. Ainsi s'expliquent, paraît-il, les abus de pouvoir que commet M. le gouverneur Couturier pour sauver la société en péril. Nous lisons dans *le Travail*, journal de la Réunion, numéro du 21 février 1874 une lettre de son correspondant parisien où il est dit : « M. Couturier vient de « faire une Saint-Barthélemy de fonctionnaires. Je l'ai vu sou« vent parmi vos amis les plus avancés de l'île de la Réunion, « alors qu'il n'était encore qu'employé de la direction de « l'intérieur. Il aidait alors à distribuer le journal clandestin *le* « *Cri public.* » Ce journal était rédigé par M. Laserve, aujourd'hui notre collègue à l'Assemblée nationale, M. T. Drouhet, aujourd'hui président du conseil général de la Réunion, notre vieil ami M. Adrien Bellier et M. Aug.-Sully Brunet. Ces ardents démocrates étaient en ce temps là obligés de calmer M. Couturier qui leur reprochait d'être trop tièdes ! On voit qu'en se faisant « ami de l'ordre » il revient de loin.

Un autre grief très sérieux de la portion de ses administrés dont nous plaidons la cause, est le favoritisme qui préside à l'octroi des bourses instituées pour les enfants pauvres, tant dans les lycées de la métropole que dans les différents établissements d'éducation de la colonie. Sur 70 bourses dont elle fait les frais, 15 seulement sont accordées à des enfants « d'origine non européenne, » pour nous servir d'une distinction récemment employée ; les 55 autres sont accordées à des enfants « d'origine européenne. » Cela, il ne faut pas l'oublier, dans un pays où la classe « d'origine européenne » ne forme qu'un dixième de la population. Est-ce équitable, nous le demandons, est-ce équitable? Et ceux qui se plaignent n'en ont-ils pas bon droit ?

A la Martinique, la proportion dans le partage des bourses n'est pas moins en sens inverse du nombre des deux classes de la population. Sur 62 bourses acquittées par la colonie, la classe la moins nombreuse en obtient 45 et la classe la plus nombreuse n'en obtient que 17. Est-ce équitable, nous le demandons encore? M. l'amiral Cloué le pense, il a blâmé très durement le Conseil général d'avoir pris une mesure tendant à obvier au mal. Dans sa fameuse réplique au discours d'adieu du Conseil, il lui a dit :

« Vous avez terminé vos travaux par un vote fort déplaisant pour l'administration, car c'est un vote de défiance. Vous avez décidé que les bourses seraient maintenues, mais seulement à la condition que la commission d'examen renfermerait quatre conseillers généraux. J'ai toujours pensé que le magistrat, l'ecclésiastique et le chef de bureau offraient suffisamment de garanties; mais, dites-vous, la voix du président étant prépondérante, les trois conseillers généraux sont toujours en minorité. Il semblerait alors qu'ils sont systématiquement d'un avis différent des autres membres, et que, pour leur assurer la prépondérance, vous les portez au nombre de quatre. Cette mesure indique des intentions évidentes de *partialité.* »

Les chiffres authentiques que nous avons cités (1) prouvent que la commission d'examen mettait à distribuer les bourses des préoccupations qui n'étaient pas celles de l'impartialité. C'est donc très légitimement que le Conseil n'a pas voulu y laisser la majorité « au magistrat, à l'ecclésiastique et au chef de bureau » du choix de l'administration. Il est juste d'assurer au Conseil la prépondérance dans une commission de cette nature. Nous ne voyons pas même pourquoi l'administration y aurait une seule voix. L'octroi des bourses est véritablement une affaire de famille, et le Conseil général, élu par le suffrage universel, chargé de gérer la fortune publique, ayant la confiance de la population, est incontestablement le juge le plus apte à connaître de la vie, des circonstances, du mérite des citoyens qui aspirent à l'avantage d'une bourse pour leurs enfants. On ne verra plus alors comme aujourd'hui donner de bourses à des enfants dont les pères jouissent d'un traitement de 10,000 fr.; on ne les donnera qu'à des enfants réellement pauvres, et quelques-unes, sans doute, seront accordées à des

(1) Nous sommes prêts à fournir les noms à l'administration centrale si elle le désire.

noirs qui ont bien, eux aussi, quelque droit à une part des bienfaits de la communauté.

Nous regrettons vivement, très vivement d'avoir à traiter des choses fâcheuses qui remplissent ces deux chapitres, mais il fallait qu'elles fussent dites, il fallait que les plaintes qu'on nous adresse fussent révélées. Ce n'est pas en palliant un mal qu'on y porte remède. Ces plaintes sont-elles mal fondées, qu'on nous le prouve et nous le publierons loyalement.

Nos congénères des Antilles n'ont pas accepté de bonne grâce le nouvel état de choses, comme firent à la Réunion leurs pareils plus éclairés de longue date. Nous ne nous en étonnons pas beaucoup. Il est difficile pour des gens qui se sont crus avec leurs ancêtres d'une race supérieure, de se résigner à n'être que les égaux de ceux que, par mauvaise éducation et par tradition, ils croyaient leurs inférieurs. C'était à l'autorité qu'incombait la charge de les détromper, de corriger une idée fausse très dangereuse, d'inspirer à tous l'esprit de rapprochement par son exemple, par une constante attention à tenir la balance égale entre les partis. La direction des colonies l'a voulu, elle l'a recommandé ; mais pour ne pas déranger des positions acquises, elle a laissé à la tête de tous les services des hommes attachés à l'ancien régime ; leurs sévérités portées d'un seul côté entretiennent chez les uns de folles prétentions en provoquant chez les autres de légitimes susceptibilités. Voilà ce que les faits que nous avons enregistrés nous paraissent démontrer ; voilà ce que nous croyons de notre devoir de dire.

Des énergumènes ne cessent de représenter la classe dont nous publions les plaintes, de nourrir l'inepte pensée de se substituer par tous moyens, même par le crime, aux anciens dominateurs du pays. Elle ne s'en inquiéterait guère si on laissait les mensonges des énergumènes pour ce qu'ils valent, mais des levées de boucliers aussi injurieuses que celle de l'amiral Cloué, lui donnent à croire qu'on la soupçonne, et elle s'en indigne à bon droit. On est fort injuste envers elle. En 1848, alors que les plaies de l'esclavage étaient encore tout à vif et faillirent, à la nouvelle de la révolution, produire un soulèvement, cette classe montra des sentiments fraternels auxquels rendirent hommage ceux qui maintenant lui prodiguent l'insulte. Le 30 mai de cette année, M. F. Procope recevait l'adresse suivante :

« Citoyen,

« Au nom des habitants du Mouillage, de nos *femmes*, de « nos *enfants*, *protégés et sauvés par vos soins* dans la doulou- « reuse nuit du 22 mai, nous vous prions d'agréer le tribut de « notre profonde reconnaissance. Si votre *prudence* s'est plue « à taire les mesures sages et hardies à l'aide desquelles vous « avez dominé une situation si critique, nos cœurs les ont de- « vinées quand nous n'avons trouvé que *secours et protection* « là, où, sans elles, nous n'eussions trouvé, peut-être, *qu'hos-* « *tilités et dangers*. Nous vous rendons grâces, citoyen, ainsi « qu'*à tous ces nombreux citoyens qui ont si noblement mis en* « *pratique, et quelquefois au péril de leur vie, la mémoire de* « Fraternité *qu'ils tenaient de vous* : soyez notre interprète « auprès d'eux. Pour la *plupart*, ils se sont dérobés à nos « remercîments, ne voulant que le témoignage de leur cons- « cience. Qu'ils en jouissent donc dans le secret d'une noble « fierté, et puisse Dieu récompenser tant *de grandeur et de* « *dévouement* !

« Salut et fraternité :

« *Wenter-Durennel, juge de paix ; — Cou-* « *tens, — G. Borde, — J. Borde, — C. de la* « *Rivière, — Artaud fils, — Legrand, — Ci-* « *céron, avocat, — E. Porry, — Giraud, —* « *E. Saint-Vel, — Alph. Saint-Vel, — Clé-* « *ment de Caton, — Glandut, — Th. Surle-* « *mont, — Cassé de Lauréat de Sainte-Croix,* « *— R. Boutéreau, — J. Bonnet, — A. Lepel-* « *letier, — R. O'Shaughnessy, — Bourrouet,* « *— Carlhan.* »

Un an après la réception de cette adresse, M. Procope n'échappait pas aux destitutions systématiques dont furent victimes presque tous les noirs et mulâtres qu'on avait appelés à quelque fonction publique. Sauf les termes « d'anarchistes et de rouges » qui remplaçaient « les démagogues et les pétroleurs » d'aujourd'hui, le langage était le même ; les Procope et « les nombreux citoyens qui avaient pratiqué la mémoire « de Fraternité », ne rêvaient plus que le massacre des blancs !

Qui connaît les faits, les hommes et les choses, dira que

leurs fils sont dignes d'eux, que leur conduite a toujours été inspirée du même esprit.

On n'est pas moins injuste à l'égard de la population noire, contre laquelle on a essayé de soulever l'opinion publique en France. La poignée d'insensés qui, aujourd'hui, la représentent comme animée des plus sauvages passions, obéissent à leurs propres mauvaises actuelles. A l'époque où les 1717 colons co-signataires de la pétition de M. Lareinty la présentaient au Sénat, le rédacteur en chef du journal *Les Antilles*, qui agite à cette heure avec frénésie l'affreux épouvantail « de la torche et du coutelas », proposait au conseil général de la Martinique (séance du 20 octobre 1865) d'émettre un vœu *pour le rétablissement du suffrage universel dans la colonie*, et il développait en ces termes sa proposition :

« L'année dernière on disait ici : « Le suffrage universel, c'est la raison publique. Les colonies doivent y aboutir dans un temps donné... Éveillée par ces déclarations, par les discussions qui ont retenti dans cette enceinte, et plus puissamment encore ces jours passés par la pétition au Sénat, de notre honorable délégué, l'opinion publique demande une prompte et complète satisfaction. Oui le moment est venu d'établir en notre pays le suffrage universel *tel qu'il se pratique en France, sans restriction, sans modification aucune.*

« En vain viendra-t-on m'objecter que notre population n'est pas encore apte à recevoir ce grand bienfait, que parmi nous on trouve bien le nombre, mais non la capacité ; *il est temps de faire justice de ces allégations mesquines et intéressées.*

« *Le peuple de la Martinique est mûr pour la liberté politique.* Il est sorti victorieux d'une épreuve de dix-huit ans, pendant lesquels *nous l'avons toujours vu digne, calme, plein de respect pour les lois, de soumission à l'autorité. Et quant à cette capacité qu'on lui dénie, j'affirme, moi, que le peuple de nos campagnes est plus éclairé, plus intelligent, moins divisé d'opinions et d'intérêts que la population de bien des provinces de France.* Ici, tout le monde parle le même langage, les intérêts sont les mêmes, tandis qu'en France, si l'on met en présence les habitants du nord et du sud, de l'est et de l'ouest, ils ne pourront ni s'entendre ni se comprendre.

« Je l'ai déjà dit, et je le répète, le suffrage universel doit être appliqué ici sans modification. »

Ainsi, on le voit, pendant que plusieurs prétendent qu'avoir rendu le suffrage universel aux Antilles, c'est y avoir organisé l'ostracisme d'une classe et livré dans l'ordre politique une minorité éclairée à la merci d'une majorité ignorante, ce sont les coryphées de cette minorité qui protestent. Que désappointés dans leurs espérances, ils s'en dédisent aujourd'hui, leur témoignage n'en reste pas moins au crédit d'une population trop souvent calomniée. Ils attestaient naguère encore « qu'ils avaient « vu les affranchis victorieux d'une épreuve de 18 ans, tou- « jours dignes, calmes, pleins de respect pour les lois et de « soumission à l'autorité. » Et ils ne sont pas les seuls à l'attester.

Dans une discussion au Corps législatif, relative aux colonies, M. Granier Cassagnac fit entendre ces paroles : (Séance du 16 juin 1865.) « Je connais les populations noires, et c'est parce que je les connais que je dois leur rendre cette justice qu'elles présentent des éléments sérieux et nombreux de sociabilité. Ce serait être injuste envers les populations noires que de ne point reconnaître qu'elles ont généralement l'esprit d'ordre, l'esprit de modération, le patriotisme et les vertus guerrières. Quant à leur esprit d'ordre et de modération, elles l'ont montré depuis l'émancipation des colonies anglaises et des colonies françaises. Quant aux vertus guerrières, pendant les luttes de la France avec l'Angleterre, tout le monde sait qu'elles ont porté le courage jusqu'à l'héroïsme. » L'hommage que rend ici M. Granier Cassagnac au caractère des noirs, ne saurait être suspect à personne, il a d'autant plus de prix que son auteur avait été un ennemi acharné de leur émancipation.

La vérité est que ces hommes que les négrophobes dépeignent sous des couleurs plus noires encore que leur épiderme, comme ayant la haine des blancs et étant toujours prêts à les dévorer, ont au contraire toujours montré beaucoup d'affection pour les blancs et leur ont prodigué les marques de leur bienveillance naturelle. M. Hubert Delisle, ancien gouverneur de la Réunion, a dit au Sénat (Séance du 9 avril 1862) :

« Le ministre de la marine m'avait invité à récom- « penser les affranchis qui étaient les plus méritants par leur « conduite. Savez-vous ceux que j'ai eu à récompenser? Je « dirai à l'honneur de ces anciens esclaves, qu'ils recueil-

« laient chez eux leurs anciens maîtres, subvenaient à leurs « besoins, et même, par un surcroît de travail, payaient la « première éducation des enfants de ces mêmes maîtres. »

Nous n'apprenons ici rien de nouveau à la direction des colonies, elle sait à quoi s'en tenir sur la conspiration « de la torche et du coutelas ; » elle a blâmé officiellement, publiquement les horribles cris « à la terreur noire. »

Ses bonnes dispositions ne sont pas douteuses, elle complétera le bien qu'elle veut faire en prescrivant à ses délégués plus d'impartialité dans leur administration. Leurs errements actuels troublent le présent et compromettraient l'avenir. Il ne faut pas que des hommes qui demandent une enquête pour se défendre d'accusations dont ils sont l'objet, soient condamnés sans être entendus ; il ne faut pas qu'un vieillard comme M. Jules Duquesnay, honoré par vingt années de fonctions municipales, portant sur la poitrine la cicatrice d'une blessure reçue en défendant l'ordre, ayant appris à ses fils à quitter leurs études pour servir la patrie quand elle a besoin de soldats, il ne faut pas que ce noble vieillard puisse dire avec amertume : « Nous sommes calomniés, révoqués sans motifs, « sans raisons et sacrifiés à la haine d'une coterie. » Il n'y a de paix et de prospérité pour nos Antilles que sur la seule base de toute société bien constituée, la base de l'égalité de tous les citoyens sans autre distinction que celle du mérite et de l'honorabilité.

§ 9

De la représentation des Colonies au Parlement

La Commission des lois constitutionnelles, dans son projet de loi électorale, propose de dépouiller les colonies du droit d'être représentées au Parlement. Les Conseils généraux n'ont pas perdu de temps pour protester contre une telle mesure. Celui de la Réunion, le premier en date, a émis le vœu suivant, dès le 25 juin 1874.

« Le Conseil général de l'île de la Réunion,

« Considérant qu'en restituant aux Français des colonies leurs droits politiques, la République n'a fait que consacrer, à nouveau, un principe écrit dans nos lois depuis plus de quatre-vingts ans ; que l'ancien régime colonial et les lois d'exception sont incompatibles avec les libertés publiques ;

« Émet le vœu :

« 1° Que le suffrage universel soit maintenu dans toute son intégralité et régi par les mêmes lois que dans la métropole ;

« 2° Qu'il ne soit porté aucune atteinte au droit qu'ont les départements d'outre-mer d'être représentés à l'Assemblée nationale.

« Saint-Denis, le 25 juin 1874. »

Déjà, en 1871, dans un projet de constitution pour l'île de la Réunion, le conseil général de cette île avait dit : « Nous demandons l'assimilation avec la métropole pour les droits politiques, parce qu'ils sont la source même de l'autorité publique, et que celle-ci n'est légitime que si tous ont pu contribuer à l'édifier ; parce qu'il n'y a pas deux classes de Français, les uns capables par la raison qu'il sont sur le continent, les autres frappés d'incapacité par cela seul qu'ils habitent notre île.

« L'assimilation avec la métropole pour les droits individuels et politiques entraîne à notre profit la participation à la représentation nationale, qu'à aucune époque, du reste, le gouvernement républicain n'a songé à nous refuser.

« La loi de 1791, et plus tard celle de 1848, qui nous est en ce moment appliquée, fixaient à deux le nombre des siéges qui nous sont réservés au sein de l'Assemblée nationale. Votre Commission a pensé que ce nombre pourrait être élevé à trois, par suite des conditions défavorables où nous place notre éloignement de la France. »

Dans sa séance du 23 novembre 1874, le Conseil général de la Martinique a émis un vœu semblable et demandé en même temps « l'assimilation politique des colonies à la mère-patrie : »

« Le Conseil général de la Martinique,

« Considérant que la qualité et les droits de citoyen français datent, pour les habitants des Antilles, de la fondation de ces colonies ; — que c'est le roi Louis XIII qui, dans son édit de mars 1642, concernant l'établissement de la compagnie des îles de l'Amérique, a voulu et ordonné : « Que les descendants des « Français habitués ès-dites îles, et même les sauvages con« vertis à la foi chrétienne et en faisant profession, soient « censés et réputés naturels français, capables de toutes « charges, honneurs, successions et donations, ainsi que les « originaires et regnicoles, sans être tenus de prendre lettres « de naturalité. »

« Que loin d'être abrogée à la reprise des colonies par le roi Louis XIV sur les seigneurs, cette disposition a été confirmée « octroyée » aux affranchis, par l'article 59 de l'édit de 1685 : « Octroyons aux affranchis les mêmes droits, priviléges et « immunités dont jouissent les personnes libres; voulons que « le mérite d'une liberté acquise produise en eux, tant pour « leurs personnes que pour leurs biens, les mêmes effets que le « bonheur de la liberté naturelle cause à nos autres sujets ; » et, plus tard, par les décrets de l'Assemblée constituante des 10, 28 mars et 8 avril 1790, et enfin par la constitution de l'an III (22 août 1795), dont les articles 6 et 7 déclaraient les colonies parties intégrantes de la République et les soumettaient à la même loi constitutionnelle que la métropole ; qu'elle a, de plus, été mise en pratique à la Martinique par la délibération de l'assemblée coloniale du 3 juin 1792 (1), conçue dans des termes remarquables de loyauté, d'équité, de libéralisme et de soumission à la métropole.

« Considérant donc qu'en accordant les droits politiques aux populations coloniales en 1848 et en 1870, le gouvernement n'a fait que consacrer à nouveau des droits acquis antérieurement et remettre « la pyramide sur sa base, » suivant « une parole célèbre » reproduite dans la pétition au Sénat de 1865.

« Considérant en outre que si cette législation a cessé ses effets à la reprise de la Martinique sur les Anglais en 1802, c'est que le gouvernement consulaire rétablissait l'esclavage et tout le cortége de moyens de coercition accessoires inséparables de cette institution; et encore faut-il rappeler que cette réaction, ce retour à l'ancien régime n'avait lieu qu'à titre transitoire, pour une durée de dix ans, sous réserve de révision par le Sénat, et à titre de mesures administratives laissées à l'initiative des autorités locales, mais sous leur responsabilité pour les conséquences qu'elles pourraient avoir (2).

« Considérant qu'en admettant qu'il y eût là une nécessité des temps exigeant des modifications au droit commun de la France, il faut reconnaître aussi que cette nécessité n'a plus de raison d'être et fait place à une autre de notre époque non moins puissante, non moins dominante, celle, comme l'a rappelé la pétition au Sénat de 1865, que les habitants des colonies, tous libres, tous Français de droit, de langage, de coutumes, de cœur, soient appelés à prendre part à la gestion des affaires publiques, jouissent de l'intégralité des droits comme ils sont soumis aux obligations et aux devoirs de citoyens français.

« Considérant que les ordonnances, règlements et arrêtés restrictifs des édits de 1642 et de 1685 pour une partie des populations coloniales, qui faisaient le fond du régime exceptionnel restauré en 1802, ont été abrogés en 1830 et en 1831, comme inconciliables avec le régime réparateur dans la voie duquel le gouvernement entrait alors; — et que, peu après, en 1832, un Mémoire des « Français d'outre-mer » de la Martinique, adressé au roi et aux chambres, réclamait comme chose

---

(1) Mémoire pour les hommes de couleur (Isambert), page 275 (2e partie).
(2) *Idem*, page 72. (Lettre du ministre de la marine du 28 août 1803.)

de droit et hors de toute contestation le droit commun de la France, la jouissance des droits politiques, « notamment celui d'être représentés à la Chambre des députés. »

« Que cette revendication a été renouvelée en 1865 par une pétition au Sénat, signée baron de Lareinty, au nom de 1,717 habitants de la Martinique, et, enfin qu'en mars 1871, une commission de 45 membres de l'Assemblée nationale, parmi lesquels se remarquent, avec les conservateurs les plus accentués de la droite, les représentants les plus compétents sur les questions coloniales, des amiraux dont l'un, ancien gouverneur de colonie, un ancien et éminent ministre de la marine et des colonies, l'honorable et regretté M. de Chasseloup-Laubat, avait pour conclusions de son rapport sur l'état de la marine et des colonies :

« Qu'il y aurait lieu de soustraire les colonies au régime exceptionnel et de les faire jouir des lois et de l'administration de la mère-patrie, en prenant pour devise de ce grand mouvement réparateur :

« Assimilation politique des colonies à la mère-patrie !

« Considérant que cette devise est devenue celle de tous les bons citoyens, aux yeux et dans les convictions desquels l'assimilation est le meilleur moyen d'assurer la paix et la concorde « entre les anciennes classes divisées de la société coloniale ; » de même que « l'ordre, la conciliation et le progrès » que le chef de la colonie nous déclarait hier être la voie dans laquelle entend marcher l'administration, et « la seule à laquelle s'attache la prospérité que nous désirons tous ; »

« Émet le vœu :

« Que les lois constitutionnelles attendues, particulièrement la loi électorale, comprennent les colonies comme terres françaises, parties intégrantes de la République, soumises à la même loi constitutionnelle, admises définitivement à la jouissance des lois et de l'administration françaises. »

« Amendement :

« Le conseil pense notamment que la justice la plus élémentaire exige que les colonies contribuent par leurs représentants au vote de toutes les lois générales de la République, auxquelles elles sont soumises comme toute terre française, il estime néanmoins que les colonies doivent continuer à voter leurs budgets et conserver l'autonomie dont jouissent à cet égard les assemblées locales.

« Signé : Martineau.

« Le vœu a été l'objet d'un vote par acclamation de 16 membres sur 17 présents.

« L'amendement a été pris en considération par le même nombre de voix, comme détail ne modifiant en rien le fond du vœu du conseil qui est l'assimilation, en thèse générale, principalement l'assimilation politique.

« Pour extrait des délibérations du Conseil général.

« *Le président*,
« Desmazes. »

Ce vœu, admirablement motivé, éclaire beaucoup la question que soulève la commission des Trente, à la grande surprise de l'opinion publique. Il apprend à ceux qui n'ont pas étudié l'histoire des colonies que les droits de citoyens français, dans leur plus complète intégralité, remontent pour les créoles à deux siècles ; ce qu'on voudrait leur enlever en 1875 leur appartient depuis 1642. « Voulons et ordonnons que les descendants des « Français habitués ès-dites îles soient réputés naturels fran« çais, capables de toutes charges et honneurs, etc. » L'édit de 1685, connu sous le nom de Code noir, stipule de même : « Déclarons l'affranchissement des esclaves fait dans nos îles, « leur tenir lieu de naissance dans nos îles, et les esclaves « affranchis n'avoir besoin de nos lettres de naturalité pour « jouir des avantages de nos sujets naturels de notre royaume, « encore qu'ils soient nés dans des pays étrangers. Octroyons « aux affranchis les mêmes droits, priviléges et immunités dont « jouissent les personnes nées libres, etc. » Un des « honneurs » des naturels français, c'est aujourd'hui de participer à la confection des lois du pays. Sont-ce les royalistes de l'Assemblée nationale qui voudront enlever aux créoles ce que Louis XIII et Louis XIV leur ont « octroyé. »

Les colonies ont été peuplées par l'introduction simultanée des Européens et des Africains. Elles possèdent autant de familles noires ou de couleur que de familles blanches datant des premiers jours de leur fondation. Leurs habitants actuels, quelle que soit la nuance de leur épiderme, tous nés sur leur territoire, sont français par la naissance en vertu de la vieille législation des rois de France. Citoyens français, rien ne peut prévaloir contre ce fait qui leur donne un droit absolu à entrer comme leurs frères métropolitains dans les conseils législatifs de la mère-patrie, une des prérogatives attachées au titre de citoyen français.

Qu'ils s'en soient toujours rendus dignes, tous ceux qui ont quelque connaissance de l'histoire coloniale l'ont attesté et proclamé : « La population des colonies, disait M. Delangle au « Sénat (séance du 4 juin 1866), est sortie de notre sein. Elle « parle notre langue; elle partage notre civilisation et nos « goûts; elle est réglée par nos lois. En tout temps, elle s'est « montrée fidèle à nos traditions nationales. Elle s'est noblement « associée à la gloire et aux malheurs de la France. » « Nos « colonies, reprenait l'amiral Bouet-Villaumez, sont autant de « fractions de la France, aussi françaises que la mère-patrie « elle-même par le cœur et par les souvenirs. » « Il ne faut « pas s'y tromper, a dit également M. Hubert Delisle, les « colonies ont les mêmes mœurs, les mêmes habitudes que « nous. Il n'y a pas un progrès qui s'accomplisse en France « qui ne retentisse dans nos populations d'outre-mer, il n'y a « pas un mouvement d'opinion qui ne s'y propage immédiate- « ment, par la force de la vapeur et de l'électricité. C'est un « même cœur qui bat, croyez-le bien, dans le lointain, par les « mêmes émotions que les vôtres et c'est une intelligence qui « s'émeut des mêmes grandes aspirations que les vôtres. »

Toujours associés à nos gloires et à nos malheurs, françaises par la naissance, par le cœur, les mœurs, les goûts, les coutumes, les traditions et les aspirations, telles sont les populations coloniales. Cela est vrai des trois classes qui les composent; il y a un sentiment qui les rapproche et les confond, c'est l'amour de la France. Elles sont unanimes pour vouloir sa grandeur et s'affliger de ses revers. Rien de ce qui émeut la métropole n'en trouve une plus indifférente que les autres. Les créoles d'origine africaine se sont, de père en fils, depuis deux siècles, tellement identifiés à nous, que cet amour de la France, les noirs le portent aussi haut que les blancs. Rien n'était plus touchant, nous a-t-on écrit pendant la dernière guerre, que de les voir accourir sur le port à chaque arrivage de navire, demander avec anxiété « qui ça qu'a gagné » (quel est le vainqueur), et chanter, battre des mains quand on leur répondait

« nous, » ou s'en aller tristes et abattus quand les nouvelles de nos armes étaient mauvaises.

A toutes les époques, la Martinique et la Guadeloupe, dans les Antilles, comme leur brave sœur la Réunion, dans l'Océan indien, ont noblement soutenu le renom de vaillance des Français; à toutes les époques, les créoles de toute origine ont versé leur sang en bons patriotes. A ne parler que de l'histoire contemporaine, lors de la funeste expédition du Mexique, les troupes qui relâchèrent à la Martinique en ont emmené deux compagnies de tirailleurs volontaires qui ont mérité d'être mises à l'ordre du jour de l'armée par le général Forey, et durant la guerre de 1870-71, plus funeste encore hélas! des volontaires sont venus des Antilles et de la Réunion défendre la patrie attaquée.

Voilà ce que sont les Français d'outre-mer que l'on propose de chasser de nos Assemblées législatives, de traiter comme le seraient des enfants indignes auxquels un père refuserait de s'asseoir au foyer paternel. Si la majorité de l'Assemblée nationale commettait à leur égard une pareille injustice, elle ne parviendrait pas à les désaffectionner; ils ont l'amour de la France si profondément au cœur que rien ne pourrait l'en arracher, leur patriotisme est inaltérable; mais on leur ferait une cruelle injure et ils pourraient dire avec fierté : « Nous ne méritions pas cela. » Quant à nous, personnellement, nous attendrions la réparation d'une autre Assemblée avec entière confiance; la vertu suprême de l'équité est un des dogmes de notre foi, nous savons que ce qui est injuste est infailliblement destiné à périr.

Mais, que s'est-il donc passé pour que nous ayons à soutenir ce nouveau combat? Pourquoi l'Assemblée enlèverait-elle aujourd'hui aux colonies un droit qu'elle leur a reconnu en validant nos élections successives sans la moindre objection, un droit qu'elle a déjà discuté et ratifié par l'organe de la Commission qu'elle avait chargée de « *rechercher parmi les décrets du gouvernement de la défense nationale ceux qu'il serait urgent de rapporter ou de modifier.* » Il importe de rappeler ici ce que dit le rapport de cette Commission en date du 24 février 1872 : « Les décrets du 15 septembre 1870 et du 1er février 1871, ont « restitué à nos colonies et octroyé à l'Inde française le droit « d'élire des députés à l'Assemblée nationale et d'avoir ainsi

« une représentation directe dans la métropole. En ce qui con-
« cerne la représentation des colonies, *ces décrets doivent rester*
« *en vigueur*. L'Assemblée les a d'ailleurs sanctionnés en vali-
« dant les pouvoirs des députés élus en exécution de leur dis-
« position. Le décret du 3 décembre 1870 remit les colonies de
« la Martinique, de la Guadeloupe et de la Réunion en posses-
« sion du droit, que leur avait enlevé l'empire, de nommer par
« le suffrage universel leurs conseils généraux et municipaux.
« L'opportunité de cette mesure a été contestée surtout pour
« la Martinique. Après avoir entendu M. le ministre de la
« marine et MM. les représentants des colonies et s'être livrée
« à un examen approfondi de cette délicate question, la
« Commission estime qu'il convient de maintenir le décret du
« 3 décembre 1870. »

Qu'on le remarque bien, c'est « *après avoir entendu le Ministre de la marine et des colonies, après s'être livrés à un examen approfondi* » que la Commission est arrivée à cette conclusion. Or, il n'est pas inutile de noter que cette Commission n'avait aucun caractère révolutionnaire (il ne s'y trouvait qu'un membre de la députation colonial, M. Mahy), elle était composée en grande partie de membres de la majorité : MM. Taillefer, rapporteur, Amédée Lefèvre-Pontalis, Michel, Peltereau de Villeneuve, Daboville, Champvallier, Vidal, Duportal, Belcastel, Voisin.

Ce qu'on demande à l'Assemblée, c'est d'annuler en 1875 le décret émancipateur du 3 décembre 1870, après avoir déclaré en 1872, à la suite *d'un examen approfondi*, de concert avec le gouvernement, *qu'il convenait de le maintenir*. Ce qu'on demande à l'Assemblée, c'est de se déjuger, nous ne pouvons croire qu'elle y consente.

En somme, les créoles sont-ils Français ? Si l'on ne peut répondre non, sans nier l'évidence, et s'il est vrai qu'il est de principe dans le droit moderne que la loi doit être librement consentie par ceux qui sont destinés à la subir, comment leur dire sans offenser la justice : Vous ne discuterez pas les lois françaises, celles mêmes qui vous sont exclusivement applicables, parce que vous n'habitez pas la métropole, ou l'Algérie ou la Corse. Que de singulières anomalies résultent de ce système ! Le créole qui vient s'établir dans la métropole, où en Corse ou en Algérie, y est électeur et éligible, mais s'il continue à résider dans son pays natal, il y est une sorte de paria politique! D'un autre côté, le métropolitain qui ira s'établir à Constantine ou à Bastia gardera ses prérogatives d'électeur et d'éligible, mais il les perdra s'il va s'établir à la Pointe-à-Pitre ou à Fort-de-France!

Quelques-uns croient légitimer la proscription des députés des colonies en disant qu'ils représentent une société dont les intérêts ont quelque chose qui leur est particulier. On en peut dire autant pour les départements métropolitains qui ont chacun des intérêts tout locaux, différents au midi de ceux du nord. Il ne faudrait pas oublier, quand il s'agit de nous, que les députés, une fois dans l'enceinte législative, représentent la France et non pas leur département ou leur arrondissement, et que c'est par des raisons d'intérêt général que leur vote doit être déterminé.

Nous n'ignorons pas sur quels autres prétextes on se fonde pour vouloir arracher aux colonies la représentation directe : défaut de participation aux impôts, exemption de la conscription, gouvernement par ordonnances, par décrets ou par décisions ministérielles, etc. M. Laserve, dans le discours qu'il a prononcé au nom de toute la députion coloniale, devant la Commission des Trente, a mis à néant toutes ces objections. Qu'on lise son excellent discours (on le trouvera aux appendices de cette brochure, n° 2), et l'on verra qu'il ne reste rien de valable dans ce qu'on nous oppose.

Mais c'est une chose étrange : les colonies n'ont cessé de se plaindre d'être placées législativement en dehors du droit commun, d'être livrées à l'arbitraire des ordonnances du pouvoir exécutif qui leur applique ou non, selon son bon plaisir, les lois de la France, d'être ainsi traitées comme des pays conquis. Elles demandent l'assimilation de leurs institutions à celles de la métropole, leur vœu est de jouir de la législation et de l'administration de la mère-patrie; elles soutiennent que le régime exceptionnel auquel elles sont soumises n'a pas de raisons d'être, n'est nullement nécessaire; et pour leur retirer la représentation directe, on argue de ce régime d'exception dont elles voudraient être affranchies! C'est parce qu'il dépend de la volonté du Ministre de la marine de leur appliquer ou de ne pas leur appliquer telle ou telle loi de leur pays, qu'on prétend les priver de la faculté d'en délibérer au sein du Parlement!

Qu'un créole soit accusé d'un crime en France, il est jugé par douze jurés, ses concitoyens, ses pairs; qu'il en soit accusé à la Martinique, il est jugé par trois magistrats et quatre assesseurs choisis sur une liste dressée par le gouverneur. Et c'est parce que les Français d'outre-mer ont à subir ce genre d'administration de la justice qu'on excipe pour dire que, n'étant pas soumis à la même législation que les Français métropolitains, ils ne doivent pas entrer au Parlement! Un jour, M. l'amiral Pothuau, ministre libéral, propose de les doter de la loi du jury; il est remplacé par M. l'amiral Dompierre-d'Hornoy, ministre d'ordre moral; celui-ci écarte la proposition de loi du jury et c'est parce que les colonies sont ainsi balottées entre les décisions ministérielles, qu'elles doivent être dépouillées de leur députation! En un mot, c'est du régime exceptionnel qu'on leur impose contre leur gré, qu'on argue pour leur refuser le droit commun qu'elles désirent!

Que les colonies demandent leur assimilation à la mère-patrie ne saurait être contesté! Le gouvernement du 2 Décembre, pour l'appeler par son nom, tout en les mettant à la géhenne bonapartiste par le sénatus-consulte de 1854 qui y supprimait toute espèce d'élection libre, disait dans l'exposé des motifs : « L'assimilation des colonies à la mère-patrie est dans la nature « des choses, dans le vœu légitime des populations et peut-« être aussi dans les devoirs du gouvernement. » Des pétitions réitérées, soit individuelles, soit collectives attestent que cette assimilation est bien l'objet des vœux de la population. En 1861, 614 habitants de la Réunion sollicitèrent du Sénat le rétablissement des élections par la voie du suffrage direct et universel, en même temps que le jury et la loi sur la presse. Leur pétition fut rapportée par M. Royer (séance du 9 avril 1862). En 1863, M. Marchet, membre du Conseil général de la Martinique, pétitionnait au Sénat pour « l'envoi de députés coloniaux au Corps législatif et la liberté de la presse comme en France. » Sa pétition fut rapportée par M. Larabit (séance du 5 juin 1866). Dans la même séance fut rapportée la pétition de 1,717 habitants, propriétaires, négociants de la Martinique, dont nous avons parlé, ils demandaient « la cessation du régime « exceptionnel pour les colonies, leur assimilation aussi com-« plète que possible aux département de la France, leur repré-« sentation dans les assemblées législatives, enfin, la nomina-

« tion par voie du suffrage universel des conseils municipaux, « du Conseil général et des députés. »

En même temps qu'elles frappaient à la porte du Sénat, on faisait effort au Corps législatif pour leur émancipation politique. Le 16 juin 1865, l'honorable M. Garnier-Pagès demandait que le droit commun leur fût restitué. Le 6 mars 1866, non moins de 40 membres présentaient, lors de la discussion de l'adresse, un amendement ainsi conçu : « Nos colonies souffrent du « régime exceptionnel sous lequel elles sont placées. La saine « justice qui veut que tous les Français soient égaux devant la « loi, veut aussi qu'ils jouissent des mêmes droits et qu'ils soient « soumis aux mêmes charges. Nous demandons qu'elles soient « élevées au rang de départements de l'empire. » M. Arman, chargé de développer cet amendement, exposa que, par leur sagesse depuis dix-sept ans, les populations émancipées avaient bien mérité qu'on leur restituât tous les droits politiques, et surtout celui de nommer des députés ; il fit particulièrement remarquer combien, avec l'assimilation, l'administration de la justice gagnerait à ce que la magistrature coloniale n'eût pas d'autre origine que celle de la magistrature métropolitaine. L'amendement fut renvoyé à la commission par 141 voix contre 93, et finalement il fut adopté, sauf quelques modifications dans les termes.

Le 11 mars 1870, M. Jules Simon revint à la charge, il interpella le gouvernement sur le régime exceptionnel des colonies, le ministre, M. l'amiral Rigault de Genouilly, répondit textuellement : « L'honorable M. Jules Simon a demandé au nom « de personnes plus ou moins considérables des colonies et au « nom d'un certain nombre de corps coloniaux, l'élection des « Conseils municipaux et généraux. Il doit se rappeler que cette « élection a été concédée en principe depuis longtemps. Il a « demandé aussi que les colonies eussent la faculté d'envoyer « au Corps législatif des députés. La question des députés « sera examinée avec soin par le conseil des ministres. » Ne peut-on pas conclure de cette réponse que le gouvernement du 2 Décembre lui-même n'était pas éloigné de rendre aux colonies la représentation directe? Ce droit qu'elles tenaient des Assemblées constituantes de 1789 et de 1848, ce droit, car c'est bien un droit, que leur avait enlevé le despotisme du premier et du second empire, la République de 1870 le leur a restitué, et l'Assemblée nationale le leur a maintenu. Pourquoi voudrait-elle aujourd'hui s'en dédire? Le rôle qu'ont rempli dans son sein les députés des colonies n'est-il pas une démonstration de leur utilité? Combien n'ont pas servi les renseignements qu'ils ont apportés dans l'élaboration de la loi des banques coloniales! Le discours de notre regretté collègue M. Pory-Papy dans la question de la surtaxe de pavillon a été décisif, de même que le discours de M. Mahy dans celle du surcroît d'impôt proposé sur les sucres. On n'a pas cédé seulement à la séduction du langage de notre ami, on s'est rendu aux raisons que ses connaissances spéciales lui ont permis de fournir, et qui ont décidé le rejet de la proposition. On a vu là qu'on ne peut traiter de matières concernant le commerce, la navigation, les impôts de la France sans que les intérêts vitaux des colonies soient engagés et que leurs députés y apportent des lumières qui ne touchent pas seulement leurs intérêts particuliers mais aussi les intérêts généraux du pays.

Ces députés sont d'autant plus nécessaires, qu'il faut bien le dire, les colonies, leurs habitants, leur société sont en général trop peu connus en France. Dans son rapport du projet de loi électorale, M. Batbie, qui certes n'est pas un des hommes les moins instruits de l'Assemblée, déclare que ces pays peuplés, habités par des Français depuis deux cents ans, ces pays où tout est aussi essentiellement français qu'en aucun département de la métropole, « ressemblent moins à la France que l'Algérie!» M. Delsol encore a dit dans les débats de la commission des Trente : « Les colonies coûtent à la France 25 millions par an, « elles ne présentent plus d'intérêt commercial; ce sont de « petites stations stratégiques dont l'importance se réduit au « cas d'une guerre maritime. » Voilà ce que sait des colonies un homme qui ne passera jamais non plus d'ailleurs pour peu éclairé. La vérité est que tous nos établissements d'outre-mer ensemble ne coûtent que 6 millions par an, qu'ils versent en échange chaque année 50 millions dans le trésor national sous forme de droits d'entrée de leurs produits, qu'ils ont annuellement avec la métropole un mouvement d'affaires, importations et exportations, de 152 millions, et ce mouvement d'affaires n'occupe pas moins de 2,142 navires français, montés par 29,610 hommes d'équipage à l'entrée, et de 2,142 navires français, montés par 27,970 hommes d'équipage à la sortie.

(Voir aux appendices n° 3, le discours que nous avons prononcé à la tribune sur ce sujet). C'est ainsi que « les colonies ne présentent plus d'intérêt commercial. »

Mais, admettons que « leur importance se réduise au cas d'une guerre maritime, » la plus stricte justice n'exige-t-elle pas qu'elles puissent faire entendre leur voix à la Chambre des députés dans ces discussions de paix et de guerre où leur existence même est en jeu? C'est pour elles un besoin si impérieux d'être représentées au sein du Parlement et de pouvoir s'y défendre, que sous Louis-Philippe elles louèrent à la Chambre des pairs M. Charles Dupin et à la Chambre des députés M. Jollivet, qui se chargeaient de plaider leur cause au prix chacun de 20,000 fr. par an. On verrait sans doute renaître un pareil scandale si l'Assemblée nationale décidait de les bannir de l'enceinte législative.

Résumons-nous : Ce que nous demandons pour les colonies, le droit commun des institutions de la France et par conséquent le maintien de la représentation directe, c'est ce que demandent pour elles les hommes qui les connaissent, c'est ce qui résulte des propres études de l'Assemblée nationale elle-même. Nous allons le prouver.

Tout au commencement de ses séances, à Bordeaux, elle nomma une grande Commission de quarante-cinq membres pour lui rendre compte de l'état de notre marine. Cette Commission jugea vite que la question coloniale se liait à la question maritime; elle y porta son attention. Dans son rapport, en date du 28 mars 1871 (n° 117 des *Impressions*), adopté autant qu'il nous en souvient à l'unanimité, elle s'est exprimée en ces termes :

« Les colonies ne sauraient arrêter les regards de l'Assem-
« blée nationale, si elle les considère comme force militaire sur
« laquelle on puisse compter. Dès lors, l'examen de la situation
« des colonies serait sans objet et ne devrait pas figurer dans
« ce rapport. Mais la commission a pensé qu'il y aurait lieu de
« faire pour elles ce qu'on essaie trop timidement pour l'Algérie,
« c'est-à-dire les *soustraire au régime exceptionnel et les faire*
« *jouir des lois et de l'administration de la mère-patrie*, en les
« affranchissant des excès de la centralisation plus sensibles
« aux colonies qu'en France. Prenons pour devise de ce grand
« mouvement réparateur : *Assimilation politique des colonies*
« *à la mère-patrie*... Telles sont, messieurs, les vues d'en-

« semble que votre commission de marine m'a chargé d'avoir « l'honneur de vous soumettre. »

On le voit, la grande commission de marine protestait déjà, il y a près de quatre ans, contre ceux qui font à nos départements d'outre-mer l'injure de les appeler « des pays d'exception ». Eh bien! quel était son rapporteur? L'honorable et regretté M. Dahirel qui, nous le savons, est mort dans les mêmes sentiments. Et parmi les membres de la commission dont il exprimait *les vues*, qui distingue-t-on, pour ne citer que les noms inspirant le plus de confiance à la majorité de l'Assemblée : L'amiral La Roncière Le Noury, l'amiral Fourichon, l'amiral Jauréguiberry, l'amiral Dompierre d'Hornoy, le capitaine de frégate Dutemple, le lieutenant de vaisseau Vandier, le vicomte de Kersauson, M. Peulvé, M. Perrot, le vicomte de Bonald, le marquis de Franclieu, le marquis de Chasseloup-Laubat, M. Audren de Kerdrel, M. Princeteau, M. Delpit, etc. Presque tous, qu'on le remarque bien, marins ou députés des ports de mer dont personne ne contestera la grande compétence en matière coloniale.

PIÈCES JUSTIFICATIVES

PIÈCES JUSTIFICATIVES

N° 1

(*Voir page* 57)

LETTRE DE M. SCHŒLCHER DANS LA POLÉMIQUE ENTRE M. MAHY ET M. LAREINTY.

A Monsieur le rédacteur en chef du XIX° Siècle.

17 août 1873.

Monsieur,

M. Lareinty a mêlé mon nom dans son impuissante réponse à M. Mahy, insérée dans votre numéro de mercredi. Quoique mon honorable collègue et ami, avec son esprit chevaleresque, m'ait déjà défendu, votre impartialité m'accordera, je n'en doute pas, l'hospitalité pour quelques mots à mon tour.

M. Lareinty engage mon ami à « me tranquilliser » comme représentant de la Martinique; « il ne songe pas, dit-il, à me remplacer. » Il y songerait que je n'en serais pas moins fort tranquille. Bien qu'ils n'ignorassent pas que j'étais déjà nommé à Paris, les électeurs de la Martinique m'ont choisi pour l'un des députés de la colonie, précisément parce qu'ils savent que je les ai toujours soutenus contre leurs adversaires. Ils ne seront jamais tentés de confier l'honneur de les représenter à M. Lareinty, qui rêve la suppression de la députation coloniale, qui s'efforce de rallumer des passions d'un autre temps, heureusement calmées, et qui trouve une morbide volupté à accuser ses compatriotes noirs et de couleur d'être toujours prêts à saisir la torche et le coutelas pour exterminer leurs compatriotes de race blanche.

M. Lareinty juge bon de rappeler que le comité électoral qui proposa ma candidature fit une démarche auprès de ses amis, pour demander à le porter avec moi, et que ceux-ci refusèrent une semblable combinaison. Il constate de la sorte lui-même l'esprit de conciliation de ces électeurs « d'origine non européenne, » auxquels sa sombre imagination prête aujourd'hui de féroces « *haines de caste.* » Il porte ainsi témoignage lui-même du noble désir qu'ils ont toujours eu de mettre un terme à des divisions funestes aux intérêts moraux et matériels de la colonie. Je les en félicite, et je regrette qu'ils aient échoué ; mais je dois dire que leur succès m'eût imposé un sacrifice personnel, car mes opinions radicales m'auraient rendu très-désagréable d'être le collègue de M. Lareinty, dont les idées feraient un mal immense aux Antilles, si elles y prévalaient.

Sans doute aussi les électeurs qui firent cette démarche vraiment libérale voulaient le récompenser de sa pétition de 1865 en faveur du suffrage universel ; ils ne pouvaient guère lui supposer le sentiment qu'il exprime en ces termes : « *J'espérais que ceux auxquels nous nous intéressions comprendraient qu'ils devaient se rendre dignes de la réforme que je réclamais dans un intérêt général.* » Ce ton protecteur ne peut manquer de toucher infiniment ceux qui se croient à très-bon droit les égaux en civilisation, en lumières et en intelligence de M. Lareinty et de ses amis. Ils se sont rendus indignes de sa présomptueuse bienveillance en ne votant pas à son gré, et il ne veut plus de suffrage pour eux « *parce que l'expérience lui a démontré qu'il n'est pas praticable aux colonies.* »

Ce n'est pas là expliquer d'une manière heureuse la « modification » de son libéralisme de 1865. L'expérience du suffrage universel aux colonies avait été faite, non pas une seule, mais trois fois (car il y eut une double élection à la Guadeloupe) longtemps avant 1865, et M. Lareinty avait été certainement à même de voir s'il leur était, selon lui, applicable ou non. Elles avaient nommé des députés successivement à l'Assemblée constituante en 1848 et à l'Assemblée législative en 1849.

M. Lareinty se trompe donc lorsqu'il écrit : « J'avais la conviction que tôt ou tard le suffrage universel serait introduit aux colonies ; j'ai pensé, et tous mes amis avec moi, qu'il valait mieux en faire l'essai à une époque de calme, avec un gouvernement qui affirmait sa force. » Je le répète, sa mémoire est évidemment en défaut. Il n'y avait plus « *d'essai du suffrage universel à faire aux colonies* en 1865, il y avait fonctionné déjà trois fois et tout le monde avait pu le juger à ses fruits. On loua même particulièrement, en 1849, la sagesse et l'excellent esprit des électeurs de la Martinique, qui venaient d'élire les deux candidats de « *l'infime minorité numérique de la population.* » La majorité des électeurs martiniquais, non plus que ceux de la Réunion, qui avaient également nommé deux membres de « *l'infime minorité numérique de la population,* » ne passaient point alors aux yeux de M. Lareinty pour « *résister à toute organisation morale.* » En tous cas, ils seront toujours au-dessus de ses étranges et déplorables attaques.

Ainsi qu'il le prévoyait, le suffrage universel fut, non pas « introduit, » mais rétabli dans nos départements d'outre-mer après la révolution du 4 septembre; mais comme il n'est pas une seule des six colonies aujourd'hui représentées à l'Assemblée nationale, où les opérations électorales de 1870 aient produit la moindre agitation et soulevé la moindre protestation sérieuse, il est difficile de deviner en quoi « l'expérience a démontré » à M. Lareinty, partisan du suffrage universel en 1865 aux colonies, qu'il n'y est plus désormais praticable.

Quant à la note contre le jury, que M. Lareinty a fait distribuer à l'Assemblée nationale ; ainsi que l'annonce mon ami M. Mahy nous la réfuterons en temps opportun, alors que nous « le retrouverons en face de nous » à la troisième lecture du projet de loi. Quoique la violente passion de caste que laisse éclater l'auteur ait déjà enlevé à cette note toute autorité, il sera nécessaire de faire justice de quelques-unes de ses assertions, surtout en ce qui regarde la Martinique.

Veuillez agréer, Monsieur, avec mes remerciements pour la place que vous voulez bien m'accorder dans vos colonnes, l'assurance de mes sentiments distingués.

V. SCHŒLCHER.

La réfutation dont nous parlons à la fin de cette lettre a été faite dans la brochure *Le jury aux colonies*, signée collectivement par les quatre députés de la Martinique et de la Réunion, et publiée en décembre 1873 chez L. Le Chevalier.

N° 2

(*Voir page* 110)

DISCOURS DE M. LASERVE DEVANT LA COMMISSION DES LOIS CONSTITUTIONNELLES.

Messieurs,

C'est avec un douloureux étonnement que les députés des colonies ont appris que quelques-uns de leurs collègues demandaient qu'on enlevât à la France d'outre-mer la prérogative de défendre ses droits et ses intérêts au sein du parlement national, qu'on la replaçât sous le régime décrié de la délégation.

Le droit de représentation directe parmi les députés de la mère-patrie nous a été reconnu par l'Assemblée constituante de 1789, comme par l'Assemblée constituante de 1848, et, à ces deux époques, aucune voix ne s'est élevée pour nous le contester. Bien plus, on avait considéré la députation des colonies comme tellement nécessaire, qu'on leur avait donné le droit de nommer, en même temps que leurs députés, des suppléants qui devaient au besoin remplacer ceux qui viendraient à disparaître. Nous n'aurions jamais pu croire que dans l'Assemblée constituante de 1871 il fallût soutenir une lutte pour faire maintenir aux Français d'outre-mer une prérogative qui est consacrée par de tels antécédents.

Si elle nous a été enlevée par le premier et le second empire, si la Restauration et le gouvernement de Juillet n'ont pas cru devoir nous la restituer, il ne faut pas oublier que les colonies n'ont pas cessé de la réclamer par voie de pétition, par l'organe des corps constitués, par la presse, et qu'elles devaient espérer que la justice tardive qui leur a été rendue en 1871 ne serait pas de nouveau remise en question.

Leur sécurité devait être d'autant plus complète, qu'elle reposait sur les décisions de l'Assemblée actuelle, qui a constamment validé toutes leurs élections sans la moindre objection.

La commission chargée de réviser les décrets du gouvernement de la Défense nationale n'a pas hésité à classer parmi les décrets qui doivent être conservés ceux qui intéressent les colonies; et voici comment, après un long et minutieux examen, après avoir entendu le ministre de la marine et des colonies, elle exprime son opinion :

« Ces décrets ont restitué à nos colonies et octroyé à l'Inde « française le droit d'élire des députés à l'Assemblée nationale, « et d'avoir ainsi une représentation directe dans la métropole. « En ce qui concerne la députation des colonies, ces décrets « doivent rester en vigueur. L'Assemblée les a d'ailleurs sanc« tionnés en validant les pouvoirs des députés, en exécution « de leurs dispositions. » (Décrets du 15 septembre 1870 et 1er février 1871). — *Rapport de M. Taillefer.*

Mais puisqu'on attaque aujourd'hui ces décrets, nous demandons à placer sous les yeux de la commission chargée d'élaborer les lois constitutionnelles les raisons qui militent en faveur du maintien de la représentation directe et qui justifient l'œuvre des deux Assemblées constituantes qui nous ont précédés.

Les six colonies qui sont représentées dans l'Assemblée nationale actuelle ont une population totale de 977,610 habitants. Nous avons déjà remis à l'honorable M. Dufaure la note détaillée de nos arrondissements et de notre population électorale. Nous allons vous en donner connaissance.

Note sur la population, le nombre des électeurs et les arrondissements de nos colonies.

1° MARTINIQUE

	Habitants.
Population totale	150,695
Arrondissement de Fort-de-France .	71,758
— de Saint-Pierre. . .	78,93

Nombre des électeurs, 29,841.

2° GUADELOUPE

Population totale	152,316
Arrondissement de la Basse-Terre. .	46,496
— de la Pointe-à-Pitre .	91,309
— de Marie-Galante . .	14,511

Nombre des électeurs, 29,375.

3° ILE DE LA RÉUNION

Population totale	182,676
Arrondissement du Vent.	83,779
— Sous-le-Vent	98,897

Nombre des électeurs, 31,650.

5° GUYANE FRANÇAISE

Population totale	24,127

Nombre des électeurs, 5,376.

5° SÉNÉGAL

Population totale	201,012
Arrondissement de Saint-Louis. . .	131,290
— de Gorée	59,060

Nombre des électeurs, 4,277.

N.-B. La population française jouit seule des droits politiques.

6° INDE FRANÇAISE

Population totale	266,784

Nombre des électeurs, 47,424.

N.-B. Il est inutile de faire remarquer que de même que les étrangers en France, les immigrants aux colonies ne jouissent pas de droits politiques et ne sont pas électeurs.

Ce qu'il importe de constater, c'est que la plupart des pays que nous représentons sont plus peuplés que la Lozère, les Hautes et Basses-Alpes, le district de Belfort que personne ne songe à priver de représentation, à cause de l'infériorité numérique de leurs habitants.

Ainsi, sous le rapport de la population et du nombre des électeurs, la Martinique, la Guadeloupe, la Réunion et l'Inde ont des droits égaux à ceux de plusieurs départements du continent, et nous ne pensons pas que le chiffre moindre des deux autres colonies soit une raison pour les exclure, car leurs intérêts ne sont pas moins sacrés que ceux des autres parties de la France.

Quant aux contributions, si vous consultez le budget, vous constaterez que les colonies versent près de 50 millions de francs dans le trésor national et qu'elles ne lui coûtent que

16 millions, car les frais de la transportation ne peuvent leur être imputés. Les colonies sont donc une source de bénéfices pour le trésor, et elles ont le droit de surveiller l'emploi des fonds qu'elles paient comme les autres départements français. En outre, aux termes des sénatus-consultes, elles doivent verser au trésor l'excédant de leurs recettes, comme ce dernier doit leur venir en aide en cas d'insuffisance de ressources.

Leur commerce général, d'après les notes statistiques que nous tenons à votre disposition et qui sont fournies par le ministère de la marine, s'élève à près de 245 millions (244,709,574 francs), savoir : 154,879,417 francs avec la mère-patrie, 20,118,280 francs entre elles et 74 millions avec l'étranger. N'y a-t-il pas beaucoup de départements du continent qui ne pourraient entrer en comparaison avec nous pour l'importance des intérêts ?

La Martinique a un mouvement de 40 millions avec la France, de 20 millions avec l'étranger, de 3 millions avec les autres colonies.

La Guadeloupe a un mouvement de 35 millions avec la France, de 8 millions avec l'étranger, de plus de 2 millions avec les autres colonies.

La Réunion a un mouvement de 29 millions avec la France, de 10 millions avec l'étranger, de 6 millions avec les autres colonies.

La Guyane a un mouvement de 8 millions avec la France, de 2,400,000 francs avec l'étranger, de 115,000 francs avec les autres colonies.

Le Sénégal a un mouvement de 12,600,000 francs avec la France, de 5 millions avec l'étranger, de 1,700,000 francs avec les autres colonies.

L'Inde a un mouvement de plus de 12 millions avec la France, de 11 millions avec l'étranger, de 1,200,000 francs avec les autres colonies.

Et nous ne vous parlons que pour mémoire du commerce des colonies de Madagascar, de la Cochinchine, de la Nouvelle-Calédonie, de Taïti et de Saint-Pierre et Miquelon.

Mais pour opérer ce commerce il nous faut faire appel aux ports de mer et entretenir avec eux de nombreuses relations. Aussi, si vous voulez bien consulter les notes statistiques, vous reconnaîtrez que pour les entrées et sorties réunies les colonies emploient 4,889 navires français jaugeant 872,000 tonneaux et montés par 17,000 hommes d'équipage à l'entrée, par 13,000 à la sortie.

Il résulte de tout ce qui précède, que nos intérêts matériels sont étroitement liés à ceux de la mère-patrie, et que nous ressentons de suite les contre-coups des événements qui affectent sa prospérité. Ceux qui prétendraient que nous ne représentons que des passions étrangères à la France, commettraient non-seulement une injustice, mais cette allégation prouverait, en outre, une profonde ignorance des rapports qui existent entre la France continentale et la France d'outre-mer. On ne peut agiter au sein du parlement une question ayant trait au commerce, à la navigation, aux rapports internationaux, sans que nos intérêts ne soient mis en jeu, sans que nous ayons le droit de faire entendre notre voix. La discussion sur les nouveaux impôts en est une preuve, entre beaucoup d'autres.

Mais si de l'examen des intérêts matériels nous passons à celui des intérêts moraux, vous allez encore bien mieux apprécier la nécessité pour les colonies d'avoir des représentants parmi les législateurs chargés de régler le sort des personnes et des propriétés.

C'est en effet, depuis la chute de l'empire, l'Assemblée des représentants qui règle aux colonies ce qui concerne :

1° L'exercice des droits politiques;

2° L'état civil des personnes;

3° La distinction des biens et les différentes modifications de la propriété;

4° Les contrats et les obligations conventionnelles en général, les manières dont s'acquiert la propriété par succession, donations entre vifs, testament, contrat de mariage, vente, échange et prescription;

5° L'institution du jury;

6° La législation en matière criminelle;

7° L'application du principe de recrutement des armées de terre et de mer;

8° Les banques.

Et vous trouveriez juste et conforme aux principes du vrai libéralisme de traiter toutes ces importantes matières sans entendre les représentants des colonies, sans daigner les consulter! Nous avons été chargés par nos commettants de vous demander l'assimilation la plus complète *que possible* des colonies à la mère-patrie sur tous les points que nous venons d'énumérer, notre tâche est à peine commencée, et l'on veut nous bannir du parlement qui sera appelé à décider de notre sort!

Mais ce n'est pas tout; nous sommes également chargés de demander à l'Assemblée que dorénavant elle seule règle ce qui concerne :

1° La législation en matière civile, correctionnelle et de simple police;

2° L'organisation judiciaire;

3° L'exercice des cultes;

4° L'instruction publique;

5° La presse;

6° Le mode de recrutement des armées de terre et de mer, matières sur lesquelles il est statué jusqu'à cette heure par des décrets rendus dans la forme de règlements d'administration publique.

Sur tous ces points nous réclamons encore l'assimilation avec la mère-patrie, nous voulons jouir des bienfaits de sa législation générale, des progrès qu'elle accomplit tous les jours, et l'on voudrait empêcher les représentants du peuple d'outre-mer de participer à la confection des lois qui règlent le sort de leurs frères de la métropole!

Veuillez remarquer, en outre, que la mère-patrie s'est réservé le droit fort légitime de nous envoyer nos gouverneurs, nos évêques, nos prêtres, nos grands administrateurs, nos inspecteurs d'instruction publique, nos professeurs, nos ingénieurs, nos médecins militaires, bien que plusieurs de ces fonctionnaires soient payés par le trésor local, particulier des colonies, et l'on nous enlèverait le droit d'interpeller le pouvoir exécutif au sein du parlement sur le choix de ces agents, dans le cas où ils commettraient des abus de pouvoir dans nos lointains pays, dans le cas où ils démériteraient de la confiance qu'on leur a accordée!

Mais, dit-on, les colonies ne payant pas l'impôt du sang, elles ne participent pas à la défense de la patrie. Sans rappeler qu'à l'époque où l'on a discuté la loi militaire, nous avons réclamé l'application du recrutement aux colonies et que, pour des raisons budgétaires, M. le ministre de la marine et M. le ministre de la guerre s'y sont opposés, ainsi qu'il résulte de la circulaire adressée par M. le ministre de la marine aux gouverneurs des colonies, nous dirons que, dans la France d'outre-mer, nous sommes tous astreints au service de la milice, depuis 16 ans jusqu'à 55, et qu'en cas de guerre, les milices sont soumises à la loi militaire et traitées comme les troupes de ligne. Ces milices dispensent la métropole d'entretenir dans les colonies des garnisons aussi nombreuses que dans les départements. Quant à l'inscription maritime, nous y sommes soumis comme les métropolitains.

Il est inutile de remonter aux temps héroïques des guerres de la Révolution et de l'Empire, mais nous pouvons vous dire qu'à l'époque de la guerre du Mexique les créoles de la Martinique et de la Guadeloupe ont payé un large contingent aux victimes de cette guerre malheureuse; qu'en 1870, le gouvernement n'a pas hésité à faire appel au dévouement des créoles de la Réunion pour combler en Cochinchine les vides causés par le renvoi des marins de l'escadre en Europe. On a demandé 400 hommes, il s'en est présenté 800. Voilà comme les colons sont restés étrangers aux malheurs et aux dangers de la mère-patrie.

L'on a dit également que des délégués suffisaient à la défense des intérêts coloniaux en France, et qu'il était inutile d'accorder la représentation directe aux colonies. Eh bien, Messieurs, la délégation a existé sous le gouvernement de Juillet et sous le second Empire, et les colonies, bien convaincues de son inefficacité, n'ont cessé de réclamer pour que les délégués fussent transformés en députés. En effet, les délégués, ne pouvant agir que près du ministre et du chef du pouvoir exécutif, n'ont ni l'autorité, ni la considération voulues pour faire entendre leurs réclamations et leurs observations, comme ceux qui ont le droit de prendre la parole dans le parlement.

Pour vous en donner une idée, nous citerons les faits suivants : pendant dix ans, les colonies ont réclamé, par l'organe des délégués, un code forestier et l'assimilation des brevets de capacité délivrés aux colonies pour le baccalauréat ès lettres et ès sciences au diplôme de bachelier. Malgré les sollicitations des gouverneurs, des évêques, elles n'ont rien obtenu. Il a suffi de notre présence à l'Assemblée nationale pour obtenir en dix-huit mois ce que dix ans de prières n'avaient pu faire accorder. L'Inde, le Sénégal, les îles Saint-Pierre et Miquelon, ont enfin reçu les institutions libérales qui leur avaient été refusées jusque-là.

Cette autorité, que les délégués n'avaient pas auprès du gouvernement, l'auraient-ils auprès de l'Assemblée, et des députés qui ne seraient pas vos égaux et vos collègues, des pseudo-députés tels que ceux qu'on voudrait nous donner, quelle situation auraient-ils près de vous et du gouvernement? Quelle serait leur autorité? On les traiterait comme des subalternes.

Nos adversaires prétendent aussi que les colonies, ces prolongements de la France au-delà des mers, n'ont aucun intérêt à participer aux délibérations qui doivent décider de la paix et de la guerre, de la forme du gouvernement central. — Eh quoi! les questions de paix ou de guerre nous seraient étrangères, à nous qui, isolés au milieu des mers, sommes à la merci du premier navire cuirassé qui viendrait incendier nos villes bâties sans défense sur le littoral, rançonner les populations, porter partout le deuil et la dévastation, avant que les secours de la métropole nous arrivent? Et qui donc est plus exposé que les colonies en temps de guerre, qui court le plus de risques, qui, par suite, parmi les Français, a plus de droits que nous à être consulté quand il s'agit de déchaîner sur le monde le fléau de la guerre?

Quant à la forme du gouvernement, ignore-t-on que c'est de la mère-patrie que nous recevons la vie, la lumière, les opinions? Ses agitations ont chez nous leur contre-coup, leur douloureux retentissement. Notre patriotisme, nos intérêts ne souffrent pas moins que les vôtres. Les inconvénients comme les avantages sont communs. — Pourquoi donc voudrait-on nous exclure du choix du gouvernement qui nous semble le plus propre à assurer la paix, l'ordre, la liberté, aussi bien dans la zone torride que dans la zone tempérée? — On peut différer sur le choix de ce gouvernement, mais l'intention des divers partis est la même, et chacun, suivant ses lumières et sa conscience, aussi bien aux colonies que dans la mère-patrie, a un intérêt puissant et direct à faire prévaloir l'opinion qui lui semble la meilleure pour assurer le bonheur commun.

De quel droit la France d'outre-mer serait-elle privée de

faire entendre sa voix dans des débats qui l'intéressent autant que la France continentale?

Sommes-nous moins patriotes, moins bons Français que les regnicoles? Tous les voyageurs qui ont visité les colonies ont constaté que chez nous la passion dominante, sans distinction de classes, est l'amour de la France. Ah! ceux là seraient bien certainement injustes envers les populations coloniales qui contesteraient leur dévouement à la mère-patrie!

Enfin, l'on assure que les colonies, depuis qu'on leur a restitué le droit d'élire leurs mandataires, par le suffrage universel, sont livrées à la démagogie noire et devenues le foyer de mauvaises passions. Ce sont là des calomnies dont il est temps de faire justice.

La masse des conseils généraux et municipaux se compose, dans la France d'outre-mer, d'hommes dont la position sociale donne la plus solide garantie aux intérêts vraiment conservateurs. Des ambitieux, déçus dans leurs espérances, ont seuls intérêt à dire le contraire.

Si, à la Martinique, le Conseil général se compose en grande majorité de républicains, dont la plupart sont des propriétaires et des conservateurs, à la Guadeloupe, le parti ultra-conservateur domine le Conseil général, et à la Réunion, les monarchistes composent presque la moitié du conseil. Le président de ce conseil est M. le marquis Louvart de Pontlevoye, qui appartient à une famille des plus légitimistes du Poitou, et sur vingt-quatre conseillers, deux seuls appartiennent à la classe dite de couleur. Voilà comment la démagogie noire domine aux colonies.

Il importe, messieurs, avant de terminer ce trop long exposé du droit des colonies à être représentées dans le parlement national, de vous faire connaître leur conduite à l'époque de nos derniers désastres.

Dès que la nouvelle de la grande catastrophe de Sedan parvint dans la France d'outre-mer, toute notre jeunesse demanda à partir pour aller défendre la patrie, et pétitionna, dans ce sens, près des gouverneurs. Ces derniers durent se refuser à seconder cet élan patriotique, faute de transports, et, néanmoins, bien des volontaires sont partis à leurs frais pour s'enrôler dans les légions que levait le gouvernement de la Défense nationale. Plusieurs créoles ont péri sur les champs de bataille, en 1870 et 1871.

Les souscriptions des colonies, pour soulager les misères de la guerre, n'ont pas fait défaut à la mère-patrie; nos mères, nos femmes, nos filles ont vendu leurs bijoux pour venir en aide aux blessés, et le *Journal officiel* a témoigné de notre dévouement à la France.

Plus tard, quand une souscription patriotique fut ouverte pour la libération du territoire, nous n'avons pas manqué de contribuer à ce grand mouvement national, et le précédent gouvernement a bien voulu nous en exprimer sa reconnaissance. Les sommes venues des colonies ont été partagées entre l'œuvre du sou des chaumières et celle des secours aux Alsaciens-Lorrains. Voilà comment nous avons prouvé que nous ne ressentions que des passions étrangères à la France, que ses intérêts ne nous touchaient pas.

Nous en avons fini : Nous espérons vous avoir démontré qu'au point de vue des intérêts matériels comme des intérêts moraux, l'œuvre de l'Assemblée constituante de 1789, continuée par l'Assemblée constituante de 1848 et consacrée par vous jusqu'à ce jour, doit être respectée. Un principe juste et libéral comme celui de la représentation directe des colonies ne peut être méconnu, et l'Assemblée constituante de 1871 tiendra à honneur, nous n'en doutons pas, de rester fidèle à la tradition de ses devancières et à sa propre tradition ?

Ce qui se passe en ce moment même, notre présence au milieu de vous, la défense que nous prenons du droit des colonies qui est menacé, les renseignements que nous vous donnons, tout cela n'est-il pas un argument saisissant en faveur du maintien de la députation coloniale ? Le droit des colonies est le même que celui de tous les départements ; mais la nécessité de leur représentation est plus évidente encore pour elles que pour les départements continentaux. Elles sont éloignées et ignorées, elles n'ont pas à leur disposition une presse qui puisse se faire entendre en France ; la députation est leur unique sauvegarde. — Vous ne les en priverez pas, Messieurs, nous en avons pour garants votre justice et votre impartialité.

Lettre de M. Teisseire, de Bordeaux :

LA REPRÉSENTATION COLONIALE ET L'AMENDEMENT TALLON.

Un négociant de Bordeaux, M. Albert Teisseire, qui paraît bien au fait des questions coloniales, a publié dans la *Gironde* (numéro du 30 avril 1874), un article que nous jugeons utile de reproduire ici. Il complète en effet le discours de M. Laserve en réfutant quelques arguments des adversaires de la représentation directe des colonies.

« Quelle que soit la violence des haines de parti, à quelques excès qu'elles puissent entraîner, nul ne nourrira jamais la pensée coupable de scinder la grande famille française, d'arracher à ceux-ci, Parisiens ou Provençaux, les prérogatives dont ceux-là, Bretons ou Vendéens, continueraient à jouir, de créer, en un mot, des privilégiés et des parias politiques.

« Eh bien, contradiction étrange ! Cette chose qui, tentée envers une partie, si petite fût-elle, de la France continentale, serait pour tous et à bon droit taxée de criminelle, quand il s'agit de cette autre partie qui, pour être au-delà des mers, n'en est pas moins la France, certains esprits l'estiment à ce point innocente qu'il s'est rencontré à l'Assemblée nationale des députés pour demander qu'elle soit écrite dans la future Constitution, un directeur des colonies pour en accepter le principe et l'appuyer, un ministre pour en soutenir l'utilité et s'efforcer de la faire triompher.

« Oui, c'est à porter la main sur la représentation coloniale, à laquelle on ne saurait toucher — on n'y a pas assez pris garde — sans atteindre du même coup et *ipso facto* la représentation nationale elle-même dont elle est partie intégrante, c'est à la supprimer qu'on invite l'Assemblée.

« Et cette mesure sans précédent dans les annales parlementaires, au nom de quel intérêt supérieur la sollicite-t-on ? Quelle nécessité impérieuse la commande cette violation du droit des populations d'outre-mer, que l'homme de Décembre lui-même n'osa accomplir qu'au lendemain et à la faveur d'un abominable attentat ?

« Sans doute, la représentation coloniale exerce sur nos

établissements une influence pernicieuse à laquelle il importe de les soustraire, sans doute sous ce régime funeste leur commerce se ralentit, leur prospérité décroît, et partout l'agitation succède au calme des anciens jours? Ou bien la présence à l'Assemblée des députés des colonies constitue pour la métropole elle-même un de ces dangers auxquels elle ne saurait impunément demeurer exposée.

« Non, la tranquillité matérielle n'a cessé de régner sur tous les points du territoire, l'activité commerciale de nos colonies ne s'est pas ralentie, la modération, l'esprit d'ordre, les habitudes qui caractérisent leurs populations ne se sont pas démentis un seul instant, et si quelque péril menace la France, il ne vient assurément pas du côté des députés d'outre-mer.

« La raison d'État écartée, puisque aussi bien elle n'a été invoquée par aucun des orateurs entendus dans la commission des lois constitutionnelles, à quelles causes faut-il donc attribuer le besoin éprouvé soudain au sein de l'Assemblée, et si vivement ressenti au ministère de la marine, de déposséder les colonies de leur droit de représentation directe? A quelles préoccupations obéissent-ils, quel mobile les guide, ces adversaires déclarés de nos colonies — car ils ne sont rien moins, ceux-là qui s'évertuent à leur arracher une prérogative précieuse, à les replacer en dehors du droit commun, — de ces colonies dignes à tant de titres cependant des sympathies et de la sollicitude d'une Assemblée française?

« Les sentiments qui les animent, c'est aux discours mêmes dont ils ont appuyé l'amendement Tallon qu'il faut les demander; ce sont leurs propres paroles qui nous les révéleront.

« Et tout d'abord un aveu s'en dégage, important à recueillir, c'est que le droit des populations coloniales d'être représentées dans les Assemblées de la mère-patrie n'est pas mis en question. Et comment l'auraient-ils pu contester, ce droit affirmé par la conscience, inscrit à deux fois dans la loi par les Assemblées constituantes de 1789 et 1848, reconnu et consacré par celle-là même qu'on voudrait entraîner aujourd'hui à se déjuger dans cette grave matière?

« De telle sorte que, pour soutenir la thèse qu'ils se sont proposée, les adversaires des colonies en sont réduits à faire tomber le débat des hauteurs d'où il n'aurait jamais dû descendre; à rabaisser à une question de convenance, oui, de convenance, ce qui est essentiellement une question de principe et de justice sociale.

« Au point de vue constituant, dit en effet l'un d'eux, M. le « ministre de la marine — et son discours reproduit, en les « développant, les arguments présentés par ses collègues de la « droite — *il est clair* que les créoles *avaient le droit* de parti-« ciper aux délibérations de l'Assemblée nationale. Quant aux « Assemblées législatives à venir, *il ne paraît pas convenable* « que les colonies aient à la fois une représentation locale et « une représentation à la métropole. D'après le décret de 1854, « la plupart des objets traités par l'Assemblée législative sont « réglés par un *simple décret*, et la Chambre ne peut influencer « en rien le régime des colonies, puisque ce régime est réglé en « dehors de la Chambre. »

« Que le ministre de la marine et avec lui l'administration coloniale *ne croient pas convenable* que les colonies soient représentées dans le Parlement, qui s'en pourrait étonner ?

« A qui n'a connu pendant vingt ans d'autre règle que celle du bon plaisir; à qui est demeuré pendant si longtemps affranchi de tout contrôle; à qui s'est accoutumé, en un mot, aux traditions, aux commodes traditions de l'Empire, ils doivent, en effet, paraître importuns, ces mandataires vigilants toujours prêts à exposer à la tribune législative les griefs des populations coloniales, à défendre leurs droits et leurs intérêts, à dénoncer et flétrir publiquement, s'ils venaient à se produire, les abus de pouvoir, les actes d'arbitraire contre lesquels elles n'avaient autrefois aucun moyen sérieux de protestation.

« Mais ce qu'on ne saurait admettre, c'est que la commission des lois constitutionnelles, et après elle l'Assemblée nationale, se puissent contenter des motifs invoqués par M. le ministre de la marine et baser sur de tels prétextes, sur la simple expression d'un désir, on peut le dire, la suppression de la représentation coloniale.

« Non, au-dessus de l'intérêt particulier que le ministre et les administrateurs de nos établissements ont à écarter de l'Assemblée les députés des colonies, il y a le grand intérêt colonial, seul digne d'être servi, qui commande le maintien d'une institution dans laquelle les Français d'outre-mer trouvent l'unique moyen de mettre un frein à l'autorité dictatoriale des gouverneurs et de faire connaître leurs besoins et leurs aspirations.

En rappelant que nos possessions lointaines si longtemps traitées en mineures sont encore aujourd'hui soumises au régime des *simples décrets*, M. le ministre de la marine n'a-t-il pas d'ailleurs établi avec la dernière évidence combien est naturel et légitime le besoin éprouvé par les colonies de secouer un système également condamné par l'équité et le progrès des temps !

« Comment n'a-t-il pas compris que c'est précisément parce que nous avons été courbés de longues années sous un joug de fer, parce que nous avons subi la compression et l'étouffement, connu l'arbitraire sous toutes les formes, parce que notre liberté personnelle et avec elle nos familles et nos propriétés sont à la merci du caprice d'un gouverneur, parce que, en un mot, nous sommes si loin encore de cette égalité de tous les citoyens devant la loi, qui fait la base du droit public français, que nous ressentons la nécessité de poursuivre cette assimilation des colonies à la métropole, qui ne saurait être revendiquée efficacement sans la présence à l'Assemblée de députés coloniaux ayant des droits égaux à ceux de ses autres membres, et pouvant parler à la France avec une égale autorité.

« Mais si le passage précité du discours de l'amiral-ministre révèle la secrète pensée de l'administration de la marine, celle de la fraction de la Chambre à laquelle il appartient se trahit tout entière lorsqu'il ajoute :

« Il est d'ailleurs douteux que les colonies soient intéressées « à avoir des députés; la préoccupation politique a souvent « détourné la lutte électorale de l'intérêt colonial. »

« L'allusion au nombre de députés républicains nommés par les colonies est assez peu voilée, on en conviendra, et M. le ministre de la marine leur fait sentir, avec une franchise dont il faut lui savoir gré, que c'est un procès de tendance que cache l'amendement Tallon. Après les votes hostiles, l'expiation. Ah ! certes, si les représentants envoyés à l'Assemblée par nos populations d'outre-mer partageaient tous les opinions de l'honorable député de l'Indre, et, comme lui, siégeaient du côté droit de la Chambre, le ministère ne trouverait pas que *la préoccupation politique a détourné la lutte électorale de l'intérêt colonial*; et la pensée ne serait pas née à coup sûr, dans cette même droite, d'éliminer par avance de la future Assemblée un aussi grand nombre de membres favorables au rétablissement de la royauté, en supprimant la représentation coloniale elle-même.

« Mais au milieu de leurs tribulations et de leurs souffrances, les habitants des colonies ont su conserver cette qualité des cœurs élevés, que le vote de la majorité les réduisît-il à la triste situation que leur avait créée l'Empire, ne leur ferait ni regretter ni abandonner : la reconnaissance.

« Au jour où, pour la troisième fois la République leur restituerait le droit d'élire des représentants, comment auraient-ils pu oublier que cette prérogative précieuse, les divers gouvernements monarchiques qui se sont succédés en France depuis quatre-vingts ans la leur avaient unanimement refusée; que les uns et les autres s'étaient attachés à restreindre leurs libertés intérieures ou à confisquer leurs droits; que tous enfin, à des degrés différents, les avaient tenus dans une dépendance voisine de l'oppression? Comment, au contraire, ne se seraient-ils pas souvenus qu'à toutes les époques, la République seule les avait admis à participer à la vie politique de la nation, que seule elle s'était montrée envers eux équitable et confiante, etc.

ALBERT TEISSEIRE.

Bordeaux, 23 avril 1874.

N° 3

(*Voir page* 114)

DISCOURS DE M. SCHŒLCHER, PRONONCÉ A LA TRIBUNE DANS LA DISCUSSION DU BUDGET DES COLONIES

(Séance du 27 juillet 1874)

Dans son rapport sur le budget de la marine, que vous discutez, l'honorable amiral La Roncière Le Noury dit que « vous ne manquerez pas d'être frappés de la somme élevée que coûtent les colonies. » Il ne fait pas monter cette somme à moins de 41 millions.

Je suis chargé, par mes honorables collègues de la députatation coloniale, de vous soumettre, en leur nom comme au mien, quelques observations à ce sujet. Deux fois, depuis le commencement des travaux de l'Assemblée, nous avons eu l'honneur de nous présenter devant la commission du budget pour montrer combien était exagérée l'idée qu'on se fait généralement des charges dont les colonies grèvent le Trésor public. Nous n'avons pas été assez heureux pour faire agréer nos rectifications. Nous croyons donc utile de porter nos explications devant vous, Messieurs, et, par le fait, devant tout le monde, car parler à cette tribune, c'est parler à tout le monde.

Ce qui entretient l'erreur commune, c'est que l'on ne songe pas que nos principaux établissements d'outre-mer ne sont pas seulement des colonies dans le sens ordinaire du mot, mais encore des postes militaires, des places fortes.

La vérité est que l'on met à leur compte des dépenses, ou qui leur sont tout à fait étrangères, ou qui sont de pure souveraineté, et qui, par conséquent, ne doivent pas leur être attribuées exclusivement.

C'est ce que nous allons démontrer.

Le total des prévisions au budget en discussion pour les quatre chapitres du service colonial est de 29,467,831 francs.

Mais dans cette somme entrent, pour le personnel des ser-

vices militaires — chap. 18, art. 2 — . . . 11,090,861 fr.
et pour le matériel de ces services — chapitre 19, art. 2 —. 1,953,310

Ensemble. . . . . 13,044,171 fr.

qui sont, comme nous le disions, une dépense de pure souveraineté, nécessaire pour soutenir l'honneur de notre pavillon. C'est en quelque sorte au ministère de la guerre, bien plutôt qu'à celui des colonies, qu'elle incombe. Les frais du personnel et du matériel des services militaires à la Réunion, à la Martinique et à la Guadeloupe ne devraient pas plus en réalité être mis à leur charge que le personnel et le matériel de nos places fortes n'est mis au compte particulier des départements dans lesquels elles se trouvent. On n'a jamais dit, en parlant des frais de fortifications de Lille et de Valenciennes : Voyez ce que coûte à la France le département du Nord ! ni en parlant des dépenses de guerre et marine faites pour la Corse : Voyez ce que coûte la Corse !

On porte aussi au budget colonial le service pénitentiaire, qui ne monte pas à moins de 12,486,382 francs.

Peut-on, en bonne justice, mettre ces 12 millions au débit des colonies ? Elles n'ont rien à y voir. Elles n'y sont pas pour une obole. Que la métropole eût gardé les bagnes de Brest et de Toulon, qu'elle eût enfermé les condamnés de la Commune dans les petites îles de son littoral, et ces 12 millions entreraient dans le budget métropolitain, ils ne grossiraient pas artificiellement le budget colonial.

En résumé, 13,044,171 francs pour le service militaire et 12,486,382 francs pour le service pénitentiaire ; c'est bien 25,530,553 francs que l'on impute à tort aux colonies, 25 millions qu'il faudrait toujours dépenser, n'eussent-elles pas un seul colon, à moins d'abandonner les établissements où brille le drapeau national dans les mers des Antilles et de l'Inde, les postes militaires indispensables à la protection de notre commerce général et à notre grandeur politique ; ces établissements maritimes non moins indispensables aux mouvements de nos flottes, ces lieux de refuge, de repos et de ravitaillement pour les vaisseaux de l'État et ceux de la marine marchande.

Déduisez ces 25 millions et demi des 29 millions et demi portés en gros au service colonial, vous trouverez qu'en fait l'État ne débourse, en dehors des dépenses de souveraineté, que 6 millions pour ce qu'on peut appeler le service spécial des colonies; ces 6 millions se décomposent ainsi :

Gouvernement, administration, justice, culte, etc.	4,970,532 fr.
Subvention.	878,940
Frais de l'administration centrale à Paris. .	210,000
Ensemble.	6,059,472 fr.

Que si l'on voulait ajouter à cela les frais de la gendarmerie, il faudrait dire, il est vrai, non pas 6 millions, mais 8 millions et demi. Toutefois, vous savez que c'est le ministère de la guerre qui paye la gendarmerie employée sur la surface entière de la France. Dans tous les cas, il faut réduire ces 8 millions et demi à 6, car la Cochinchine rend à la France 2,200,000 fr. et l'Inde 1,200,000 francs.

C'est donc, nous le répétons, 6 millions, pas davantage, que coûte le service spécial des colonies proprement dites; or, remarquez, Messieurs, qu'il ne s'agit pas seulement des trois grandes colonies, Martinique, Guadeloupe et Réunion; il s'agit de tous nos établissements d'outre-mer, y compris la Guyane, le Sénégal, Saint-Pierre et Miquelon, Sainte-Marie de Madagascar, Mayotte, Taïti, la Nouvelle-Calédonie, l'Inde et la Cochinchine.

La commission du budget, lorsqu'elle élève les dépenses des colonies à 41 millions, y fait entrer, outre les 12 millions du service pénitentiaire et 16 millions attribués au personnel et au matériel militaire, — nous venons de voir que de ces 16 millions, 13 sont des dépenses de souveraineté, — la commission, disons-nous, fait entrer dans son chiffre de 41 millions 13 millions qu'elle attribue au budget de la marine, comme se rapportant au service colonial. Nous avons à faire observer que ces 13 millions sont encore des dépenses de pure souveraineté. Ils se composent de la solde des états-majors et équipages des bâtiments affectés à la défense des colonies, de la solde et de l'habillement des troupes, des frais de leurs casernements, de leurs hôpitaux, de leurs vivres, du salaire des ouvriers pour les constructions navales, des approvisionnements généraux de la flotte, des frais de passage et de rapatriement.

Tout cela, évidemment, appartient d'une manière exclusive au service guerre et marine.

Nous pouvons répéter ici ce que nous disions tout à l'heure : N'y eût-il pas une seule maison privée aux colonies, pas un seul champ de cannes, pas une seule usine, il faudrait toujours y porter, y loger, y entretenir des garnisons, occuper et réparer les bâtiments qu'on y emploie. Fussent-elles simplement des postes militaires et maritimes, cette dépense y serait toujours indispensable. On n'y découvre pas un sou déboursé à l'avantage particulier de leurs habitants.

Nous croyons donc pouvoir dire à bon droit que l'établissement civil de ce que nous nous complaisons à appeler les départements d'outre-mer ne coûte, en réalité, à l'État que 6 millions.

Eh bien, cette somme est dépensée en faveur de pays qui ont annuellement, — je vous prie de bien remarquer ce chiffre, — qui ont annuellement un mouvement d'affaires avec la métropole, importations et exportations, de 152 millions; en faveur de pays qui, pour opérer ce commerce, n'occupent pas moins de 2,142 navires français montés par 29,610 hommes d'équipage à l'entrée, et de 2,142 navires français montés par 27,970 hommes d'équipage à la sortie.

Point de doute, messieurs, sur la parfaite authenticité de ces chiffres; nous les prenons dans les *Tableaux de la population du commerce et de la navigation des colonies françaises*, pour l'année 1870, publiés par le ministère de la marine.

A ce sujet, nous pouvons dire, comme exemple, que nos établissements de l'Inde, dont les adversaires des colonies font si bon marché, ne reçoivent pas moins, chaque année, de 40 à 50 navires de Nantes et de Bordeaux.

Il faut dire encore que les établissements d'outre-mer versent annuellement dans le Trésor national une somme de 50 millions sous forme de droits de douane que payent leurs productions à leur entrée en France.

Pensez-vous que cet emploi de milliers de marins au long cours ne contribue pas à former des hommes pour notre marine de guerre ? Pensez-vous, Messieurs, que 50 millions payés pour droits de douane et un mouvement d'affaires de 152 millions n'ajoutent rien à la rich ublique et ne compensent pas un sacrifice de 6 mil

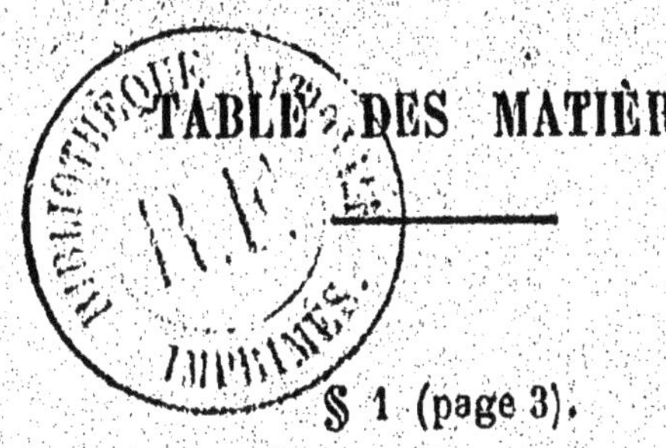

TABLE DES MATIÈRES

PIÈCES JUSTIFICATIVES.

N° 1 (page 119).

Lettre de M. Schœlcher dans la polémique entre M. Mahy et M. Lareinty.

N° 2 (page 122).

Discours de M. Laserve prononcé devant la Commission des lois constitutionnelles.

Article de M. Teisseire, de Bordeaux (page 132) :

La représentation coloniale et l'amendement Tallon.

N° 3 (page 137).

Discours de M. Schœlcher, prononcé à la tribune dans la discussion du budget des colonies.

(Séance du 27 juillet 1874).

Imp. Moderne (Barthier, directeur), rue J.-J.-Rousseau, 61.

www.ingramcontent.com/pod-product-compliance
Ingram Content Group UK Ltd.
Pitfield, Milton Keynes, MK11 3LW, UK
UKHW012041240726
13965UKWH00003B/967

9 782013 066365